Ernst
Meier
1979

Kohlhammer
Urban-
Taschenbücher

Band 155

Diether Höger

Einführung in die pädagogische Psychologie

Zweite Auflage

Verlag W. Kohlhammer
Stuttgart Berlin Köln Mainz

Alle Rechte vorbehalten
© 1972 Verlag W. Kohlhammer GmbH
Stuttgart Berlin Köln Mainz
Zweite Auflage 1974
Verlagsort: Stuttgart
Umschlag: hace
Gesamtherstellung: W. Kohlhammer GmbH
Grafischer Großbetrieb Stuttgart
Printed in Germany
ISBN 3-17-001980-5

Inhalt

Vorwort 7

1 Einleitung: Fragestellung und methodische Grundsätze der Pädagogischen Psychologie 9

1.1 Psychologie als empirische Wissenschaft 9
1.2 Pädagogische Psychologie als Teildisziplin der Psychologie 15

2 Lernen 22

2.1 Begriff und pädagogische Relevanz des Lernens 22
2.2 Verschiedene Formen und Aspekte des Lernens 24
2.2.1 Das klassische Konditionieren 24
2.2.2 Das Lernen erfolgreicher Handlungsweisen (instrumentelles Konditionieren) 27
2.2.2.1 Lernen am Erfolg 28
2.2.2.2 Skinners operantes Konditionieren 30
2.2.3 Lernen durch Einsicht 32
2.2.4 Lernen am Modell 35
2.2.5 Behalten und Vergessen von Lernstoff 40
2.3 Lernen als komplexes Phänomen 43
2.3.1 Varianten der Bekräftigung 45
2.3.2 Organisation des Verhaltens 49
2.3.3 Primäres Lernen 50
2.4 Motivation und Lernen 51
2.5 Generalisierung, Differenzierung und Transfer 54

3 Erziehungsstile 65

3.1 Typologische Konzepte 66
3.2 Dimensionsorientierte Konzepte 73
3.3 Einige Ergebnisse zur Auswirkung des Erzieherverhaltens auf die Erzogenen 85

4 Probleme und Methoden der Personenbeurteilung ... 94

4.1 Die Gütekriterien psychologischer Tests 97
4.2 Die Leistungsbeurteilung in der Schule 104
4.3 Die Auslese für weiterführende Schulen 111
4.4 Die Diagnostik der Schulreife 113

5 Die Legasthenie als Paradigma eines pädagogisch-psychologischen Problems 118

5.1	Zum Begriff der Legasthenie	119
5.2	Sekundärsymptomatik	121
5.3	Zur Phänomenologie und Ätiologie	124
5.4	Prinzipien der Behandlung	126

Literaturverzeichnis 129

Autorenverzeichnis 138

Register 141

Vorwort

In der letzten Zeit hat die Pädagogische Psychologie, die immer schon lebhaften Interesses gewiß sein konnte, eine außergewöhnliche Aktualität erlangt. Fragen der Bildung und Ausbildung stehen im Vordergrund der öffentlichen Diskussion, sowohl im Hinblick auf die Inhalte als auch auf anzuwendende Methoden und Techniken. Im gleichen Maße ist die Zahl der Veröffentlichungen zu diesem Themenkreis sprunghaft gestiegen. Ständig entwickeln sich neue Problembereiche und Forschungsansätze, so daß eine geschlossene Darstellung auf begrenztem Raum nicht mehr möglich ist.
Eine andere Schwierigkeit ergibt sich aus der Tatsache, daß die Pädagogische Psychologie Interessenten unterschiedlichen Vorbildungsgrades vorfindet. Stehen auf der einen Seite Studierende der Psychologie, die im zweiten Teil ihres Studiums, ausgestattet mit fundierten Vorkenntnissen, sich dieser Teildisziplin zuwenden, so finden wir auf der anderen Seite solche, die sich speziell mit pädagogischen Fragen befassen und deshalb oder aus irgendeinem anderen Grund den Weg zur Psychologie über die Pädagogische Psychologie suchen, ohne über nennenswerte psychologische Vorkenntnisse zu verfügen.
Diese Einführung wendet sich in erster Linie an die letztere Gruppe. Dabei erschien es nicht angebracht, einen Überblick über das Gesamtgebiet zu versuchen, der Themenkreis wäre zu groß gewesen. Zudem sollte aber auch die häufige Beschränkung der Pädagogischen Psychologie ausschließlich auf die Schulpsychologie vermieden werden. Daher wurde der Kompromiß der exemplarischen Darstellung gewählt mit dem Ziel, den Leser mit der Denk- und Vorgehensweise der Pädagogischen Psychologie so weit bekannt zu machen, daß er in der Lage ist, weiterführende Literatur aus diesem Gebiet kritisch zu lesen und sich aufgrund einer gewissen Vorinformation rascher zu orientieren. Jede Wissenschaft hat ihre eigene Art des Sehens und Lösens von Problemen. Sie zu kennen erleichtert den Zugang. In diesem Sinne handelt es sich nicht um ein kurzgefaßtes Lehrbuch, sondern um eine »Einführung« im engeren Sinne.

Die gewählten Themenbereiche (Lernen, Erziehungsstile, Persönlichkeitsbeurteilung und Legasthenie) konnten dabei nur angerissen werden. Sie wurden gewählt, weil sie repräsentativ für das gesamte Gebiet sind und unumgängliche Grundkenntnisse der Pädagogischen Psychologie ansprechen. Ob der beschrittene Weg zum Ziel führt, mag die Zukunft zeigen.

Bielefeld, im Juni 1972   Diether Höger

1 Einleitung: Fragestellung und methodische Grundsätze der Pädagogischen Psychologie

1.1 Psychologie als empirische Wissenschaft

Psychologie gilt weithin als »interessantes Fach«, wie aus den Reaktionen von Gesprächspartnern entnommen werden kann, denen gegenüber man sich als Psychologe zu erkennen gibt. Die Erklärung dafür dürfte nicht schwer sein, ist doch jedermann fast zu jeder Zeit in irgendeiner Weise von psychologischen Sachverhalten betroffen, die ihm besonders dann bewußt werden, wenn er vor Konflikten oder Problemen steht. Es liegt nahe, vom »Fachmann« und der von ihm vertretenen Wissenschaft fundierte und probate Hilfe zu erwarten, neue Erkenntnisse, die zu entscheidenden Einsichten führen.
Wer sich näher mit Psychologie befaßt, wird nur allzuoft enttäuscht, da er überwiegend mit höchst nüchternem Stoff konfrontiert wird, vor allem mit Methodenlehre, Statistik u. dgl., Gegenständen, die leicht Ungeduld aufkommen lassen. Psychologische Methodenlehre wird jedoch dann interessant, wenn man sich ernsthaft die Frage stellt, wie es eigentlich möglich ist, solch flüchtige und oft vage Sachverhalte wie Gefühle, Vorstellungen, Interessen usw. zum Gegenstand wissenschaftlicher Untersuchung, d. h. zum Objekt des Zählens, Messens und der Erkundung gesetzmäßiger Zusammenhänge zu machen. Die hierzu bisher entwickelten Methoden sind es wert, von demjenigen erarbeitet zu werden, der wissenschaftliche Ergebnisse nicht nur zur Kenntnis nehmen, sondern auch kritisch auf ihr Zustandekommen überprüfen möchte.
Viele Ergebnisse psychologischer Forschung (nicht alle!) sind auch insofern für den Laien oft etwas enttäuschend, weil sie gelegentlich Dinge ermittelt, die ohnehin schon bekannt waren. Wozu der Aufwand? mag die Frage sein.
Die Erklärung ist darin zu suchen, daß es neben der wissenschaftlichen Psychologie eine sogenannte Populärpsychologie – oder etwas freundlicher »vorwissenschaftliche Psychologie« genannt – gibt. Sie beruht auf kollektiven und persönlichen Erfahrungen im Umgang mit anderen Menschen und der eigenen Person und erwächst aus der Notwendigkeit, sich dabei zu orientieren und Entscheidungen zu treffen. Wir alle erwarten beispielsweise,

wenn wir einem bestimmten Partner gegenüber entschieden auftreten, daß wir unsere Ziele eher erreichen, als wenn wir uns auf Freundlichkeit verlassen. Unser Verhalten ist dann dementsprechend. So verfügt etwa ein geschickter Verhandlungspartner über einen beachtlichen Fundus an (vielleicht unreflektiertem) psychologischem Wissen. Kenntnisse dieser Art sind teilweise sachlich begründet und werden dann auch in wissenschaftlichen Experimenten bestätigt – trivialerweise, wie es scheint. Andere (und es sind deren viele) aber beruhen auf Vorurteilen und halten wissenschaftlicher Überprüfung nicht stand, wie etwa die Erwartung, Menschen mit hoher Stirne seien intelligenter als solche mit niedriger. Vorwissenschaftliche Psychologie vermag eben nicht, gesicherte Kenntnisse von Vorurteilen zu trennen, erst die experimentelle Arbeit ermöglicht hier die Unterscheidung. Für den Psychologiestudenten ist es eine der wichtigsten Aufgaben, zwischen vorwissenschaftlicher Psychologie und Erkenntnissen aus exakter Forschung unterscheiden zu lernen und sie ständig gegeneinander abzugrenzen, eine Aufgabe, die durch den Umstand erschwert wird, daß die wissenschaftlichen Kenntnisse angesichts der relativ kurzen Zeit psychologischer Forschung noch viel zu lückenhaft sind, als daß sie es ermöglichen könnten, das tägliche Leben und die in ihm zu treffenden Entscheidungen mit Hilfe der wissenschaftlichen Psychologie zu bewältigen. Wir müssen daher mit und mittels (!) vorwissenschaftlicher Psychologie leben. Der Fortschritt wissenschaftlicher Erkenntnis zeigt sich in der Forschung wie beim Lernenden vor allem darin, daß vorwissenschaftliche Meinungen als solche erkannt und durch wissenschaftliche Erkenntnisse ersetzt werden, daß sie immer weniger Raum einnehmen.

Psychologie kann als Wissenschaft vom Verhalten und seinen Bedingungen bezeichnet werden. Für den Nichtpsychologen mag dies befremdlich klingen, versteht man doch gemeinhin unter »Psychischem« weniger solch äußerliche Erscheinungen wie Verhalten, sondern mehr »innere« Vorgänge und Zustände wie z. B. Gefühle, Antriebserlebnisse, Bedürfnisse, Einstellungen, Denkvorgänge, Vorstellungen sowie die Wahrnehmung als Verbindung zwischen »Außenwelt« und »Innenwelt«.

Wissenschaftliche Forschung muß sich jedoch primär an direkt Zugängliches halten, und das sind die eindeutig beobachtbaren Verhaltensweisen eines Menschen, wie etwa das, was er tut, sagt, schreibt oder aber seine Ausdrucksbewegungen. All das läßt sich beobachten, registrieren, zählen, messen und analysieren.

Ganz im Gegensatz dazu sind »innere« Vorgänge nicht direkt

erfaßbar, sie können nur sekundär aus Verhaltensweisen erschlossen werden. Wenn wir von einem Menschen sagen, er freue sich, so beruht dies vielleicht auf seinem lebhaften Verhalten, dem Gesichtsausdruck oder sogar auf seiner Aussage »Ich freue mich«. Direkt zugänglich aber sind dem Wissenschaftler nur seine eigenen inneren Vorgänge, etwa wenn er sich selbst beobachtet. Problematisch bleibt aber immer noch, ob nicht die Selbstbeobachtung ihrerseits die beobachteten Vorgänge stört, außerdem die Frage, ob die bei sich selbst beobachteten Vorgänge denen bei anderen Menschen entsprechen und damit zu verallgemeinern sind. Handelt es sich wirklich um ein und denselben Vorgang, wenn ich mich freue und wenn irgendeine andere Person sich freut?

Solche Analogieschlüsse hat der »Behaviorismus«, eine Richtung der Psychologie, aus wissenschaftstheoretischen Gründen als nicht zulässig erachtet (Watson, 1919).

Forschungsgegenstand der Psychologie ist nach dieser Auffassung lediglich das Verhalten (englisch »behavior«) und seine Beziehungen zu den sie auslösenden Einflüssen der Außenwelt, den »Reizen«.

Das diesem Konzept zugrunde liegende Modell kann symbolisch wie folgt dargestellt werden:

$$S \rightarrow R$$

Danach bringt ein bestimmter Reiz oder »Stimulus« (S) bzw. eine Reihe solcher Stimuli eine bestimmte Verhaltensweise oder Reaktion (englisch »response«) (R) hervor. Beispielsweise veranlaßt ein lebhaft gefärbter Ball (S) ein Kind, danach zu greifen (R).

Bei der Suche nach systematischen Beziehungen zwischen verschiedenen Stimuli und mit ihnen vorzugsweise verbundenen Reaktionen kam jedoch der Behaviorismus nicht ohne theoretische Konstruktionen, sogenannte »Konstrukte« aus, wie z. B. »drive« für den aktivierten Zustand eines Organismus infolge eines physiologischen Mangelzustandes, sonst als »Bedürfnis« oder »Antrieb« bezeichnet. Damit wurde das ursprüngliche Modell erweitert. Zwischen Stimulus und Reaktionen wurde als Träger der Konstrukte der Organismus (O) eingesetzt (Woodworth, 1950), auf den die Stimuli einwirken und der die Reaktionen hervorbringt. In symbolischer Darstellung:

$$S \rightarrow O \rightarrow R$$

Konstrukte, d. h. Zustände und Vorgänge innerhalb des Organismus, die als solche nicht erfaßbar sind, werden durch »Operationalisieren« definiert und der Erforschung zugänglich gemacht, d. h. durch Rückgriff auf einwandfrei erfaßbare Verhaltensformen oder Reaktionen, die für das Konstrukt repräsentativ sind. So läßt sich beispielsweise das Ausmaß des Hungers »messen«, indem die Zeit registriert wird, in der ein Organismus keine Nahrung aufgenommen hat, oder aber anhand der Zugkraft, die ein Versuchstier an einer bestimmten Stelle des Käfigs in Richtung der Futterquelle ausübt. Ebenso läßt sich der »Lernerfolg« anhand der Zunahme der Wahrscheinlichkeit eines bestimmten Verhaltens in einer gegebenen Situation sowohl definieren als auch messen. Gerade dieses Zusammenfallen der Definition eines Konstrukts mit der Anweisung, wie es gemessen bzw. erfaßt wird, ist das Wesentliche des Operationalisierens.

Damit verbunden ist allerdings der Nachteil, daß möglicherweise Aspekte psychologischer Sachverhalte außer acht gelassen werden, die auf diesem Wege nicht erfaßbar sind. Außerdem kann nicht geleugnet werden, daß Menschen in ihren sprachlichen Äußerungen auf innere Vorgänge hinweisen, d. h. sie erwähnen Gefühle, Vorstellungen, Stimmungen, Antriebserlebnisse, Denkvorgänge usw. Diese Tatsache kann als Rechtfertigung gelten, derartige Phänomene ebenfalls zum Gegenstand wissenschaftlicher Forschung zu machen. Wie immer, wenn ein bestimmtes methodisches Prinzip ganz in den Mittelpunkt der Erörterung und Theorienbildung gerückt wird, so ist auch der Behaviorismus vor Einseitigkeiten nicht verschont geblieben. So wurde etwa die Übertragbarkeit von Ergebnissen aus Tierexperimenten auf menschliche Verhältnisse nicht immer mit der gleichen kritischen Vorsicht gehandhabt wie die Verallgemeinerungen von Mensch zu Mensch. Der Wert und die Bedeutung von Tierexperimenten sollen jedoch damit nicht in Frage gestellt werden. Eine ganze Reihe von Versuchen kann aus ethischen Gründen mit Menschen nicht durchgeführt werden. Man ist also auf Tierversuche direkt angewiesen. Außerdem hat der Vergleich von Verhaltensformen und ihren Bedingungen zwischen Mensch und Tier seinen eigenen Erkenntniswert, indem er Hinweise auf die Universalität des Geltungsbereiches von Gesetzmäßigkeiten und Prinzipien gibt.

Nichtsdestoweniger kommt dem Behaviorismus eine besondere wissenschaftsgeschichtliche Bedeutung insofern zu, als er die Aufmerksamkeit auf die Tatsache gelenkt hat, daß eben der exakten wissenschaftlichen Beobachtung nur äußere Gegebenheiten wie das Verhalten und die situativen Bedingungen unmittelbar zugänglich sind, und daß Antriebe, Gefühle usw. lediglich aus äußeren beobachtbaren Gegebenheiten erschlossen werden können.

Psychologie läßt sich im Rahmen dieser methodischen Voraussetzungen definieren als die Wissenschaft vom Verhalten und Erleben, den Bedingungen ihres Entstehens und ihrer wechselseitigen Beziehungen.

Das Bisherige bezog sich auf die Voraussetzungen, unter denen der Gegenstand der Psychologie, das Verhalten und Erleben, überhaupt zugänglich ist. Ein weiterer Punkt ist der Vorgang des Sammelns von Erkenntnissen in einer Wissenschaft, das Problem der Methodik, mit deren Hilfe Sachverhalte beobachtet, verglichen, untereinander in Beziehung gebracht und in einen größeren theoretischen Zusammenhang gebracht werden.

Nachdem Wilhelm Wundt 1879 in Leipzig das erste psychologische Laboratorium begründete, gewann das Experiment als Erkenntnisquelle in der Psychologie zunehmend an Bedeutung. Immer mehr erwies es sich als notwendig, psychologische Gesetzmäßigkeiten aus kontrollierten und wiederholten Beobachtungen zu gewinnen und vorhandene Theorien an der Wirklichkeit zu überprüfen.

Ursprünglich am Vorbild der Physik und Chemie orientiert, verstand man unter einem Experiment bis in die neueste Zeit hinein »... die planmäßige Herbeiführung eines Geschehens zum Zweck seiner Beobachtung« (Dorsch, 1963, S. 105). Als weitere charakteristische Merkmale des Experiments gelten seine Wiederholbarkeit und die willkürliche Variierbarkeit seiner Bedingungen (Traxel, 1964).

So läßt sich etwa die Behauptung aufstellen, Lärm übe einen störenden Einfluß auf die Lernleistung aus. Diese Behauptung läßt sich in Form einer Hypothese formulieren, die mit einem Experiment geprüft werden kann, etwa: Schüler, die unter gleichzeitigem Lärmeinfluß lernen, können von dem Lernstoff weniger behalten als Schüler, die keinem Lärm ausgesetzt sind. Im Experiment läßt man dann beispielsweise eine Reihe von Schülern Vokabeln einer Fremdsprache lernen, während gleichzeitig über einen Lautsprecher Geräusche zugespielt werden. Eine ähnliche Gruppe lernt die gleichen Vokabeln während einer gleich langen Zeit, jedoch ohne Lärmeinfluß. Anschließend werden beide Gruppen geprüft, wie viele Vokabeln sie behalten haben. Hat die erste Gruppe deutlich weniger gelernt als die zweite, dann ist die eingangs aufgestellte Hypothese bestätigt oder »verifiziert«.

Die so gewonnene Erkenntnis ist jedoch immer noch wenig verbindlich. Im Grunde genommen gilt das Ergebnis nur für genau die Bedingungen, unter denen das Experiment durchgeführt wurde. Die Frage, ob »Lärm« die »Lernleistung« behindert, ist im allgemeinen Sinne nicht zu beantworten, ohne daß die Bedingungen des Experimentes systematisch variiert werden. So ließe sich weiter fragen: Spielt die Art des Lärms eine Rolle (Straßenlärm, spielende Kinder, Sprechen anderer Personen usw.)? Oder die Lärmintensität (Lautstärke)? Was soll unter »Lernleistung« verstanden werden (lernen von Vokabeln einer Fremdsprache, von Gedichten der Muttersprache, Prosatexten, anschaulichen Gebilden, technischen Fertigkeiten usw.)? Welche Rolle spielt der Zeitabschnitt zwischen dem Lernen und dem Reproduzieren des Gelernten?
Jede dieser Einzelbedingungen würde ein eigenes Experiment erfordern, der Arbeits- und Zeitaufwand zur Beantwortung solch einer vergleichsweise einfachen Fragestellung wäre enorm. Inzwischen wurden jedoch Versuchspläne entwickelt, außerdem statistische Methoden zu ihrer Auswertung, die in einem einzigen experimentellen Durchgang mehrere Bedingungen gleichzeitig überprüfen lassen. Sie sind nicht nur ökonomisch, sondern ermöglichen es auch, etwa vorhandene Wechselwirkungen zwischen den einzelnen Bedingungen festzustellen (vgl. z. B. Selg, 1966). Es ist also nicht mehr nötig, für jede Variation einer Bedingung ein eigenes Experiment durchzuführen.
Im gleichen Maße, in dem es gelungen ist, komplexere Beziehungen zwischen beobachteten Daten zu analysieren, erweiterten sich auch die Möglichkeiten experimentell-psychologischer Forschung, die nun vor allem nicht mehr darauf angewiesen war, im Laboratorium unter »lebensfernen« (und damit vielfach verfälschenden) Bedingungen zu arbeiten. Die Forschung konnte sich vielmehr realistischen und »natürlichen« Situationen zuwenden, vor allem aber auch solchen Vorgängen, die sich nicht willkürlich herbeiführen lassen. Gleichzeitig mußte aber auch die Definition des Experiments anders gefaßt werden, denn die nunmehr angewandten Forschungsmethoden entsprechen nicht mehr dem ursprünglichen Begriff des »Experiments« in seiner engen Fassung, obwohl sie nach wie vor die objektive Beobachtung der Vorgänge und die Kontrolle der Bedingungen als verbindlich voraussetzen. Cattell (1966) versteht nunmehr unter einem Experiment das quantitative oder qualitative Registrieren von Beobachtungen, die nach definierten und festgehaltenen Verfahrensbedingungen gemacht wurden. Ihnen folgt die Überprüfung der er-

haltenen Daten mittels mathematischer und statistischer Methoden hinsichtlich des Vorhandenseins bedeutsamer Beziehungen.
Psychologie ist demnach eine empirische Wissenschaft, die ihre Erkenntnisse auf kontrollierte Beobachtungen und ihre mathematisch-statistische Analyse stützt. Letztere dient dazu, die vorhandenen Beziehungen angemessen zu beschreiben. Nach Cattell (1966) läßt sich der wissenschaftliche Erkenntnisprozeß anhand des Bildes einer Spirale beschreiben. Ausgehend von einem Experiment oder einer Beobachtung erfolgt ein induktiver Schluß auf eine Regel, d. h. von einer oder wenigen Einzelbeobachtungen wird auf eine allgemeingültige Gesetzmäßigkeit geschlossen. Ausgehend von dieser Regel können wiederum deduktive Schlüsse gezogen werden, die aus ihr folgen und ihrerseits anhand von Beobachtungen nachprüfbar sind. Ein solcher Schluß wird als Hypothese formuliert und durch entsprechende Beobachtungen bzw. Experimente überprüft. Aufgrund der nunmehr erhaltenen Ergebnisse kann ein neuer Kreislauf in Gang kommen: Induktiver Schluß auf eine modifizierte oder erweiterte Regel, hierauf deduktive Ableitung von Folgerungen, dann deren experimentelle Überprüfung usw. Jeder dieser neuen Kreisläufe bewegt sich aber auf einer anderen, der endgültigen Lösung des Problems näheren Ebene.
Worauf sich die ursprüngliche Regel gründet, ist prinzipiell nicht weiter von Bedeutung. Entscheidend ist, ob sie sich empirisch überprüfen läßt, d. h. ob aus ihr Hypothesen, d. h. Behauptungen über beobachtbare Sachverhalte abgeleitet werden können. Theorien dürfen nur insofern Gültigkeit beanspruchen, als sie in dieser Weise bestätigt werden konnten. (Näheres zu diesen methodischen Fragen vgl. z. B. Traxel, 1966.)

1.2 Pädagogische Psychologie als Teildisziplin der Psychologie

Diese verbindliche Orientierung an den Prinzipien einer empirischen Wissenschaft gilt für jeden Teilbereich der Psychologie, damit auch für die Pädagogische Psychologie. Schon immer gehörte es zu den Konzepten der Pädagogik, als Ergänzung der dargelegten Erziehungsziele gleichzeitig Maßnahmen zu erörtern, die eben diese Ziele erreichbar machen sollten. In diesem Sinne empfiehlt etwa Rousseau, den Wortschatz des Kindes im Interesse einer günstigen geistigen Entwicklung soweit wie möglich zu beschränken. »Ich sehe darin einen der Gründe, weshalb man bei Bauersleuten im allgemeinen mehr gesunden, natürlichen

Verstand findet als bei Städtern. Ihr Wortschatz ist weniger reich, sie haben weniger Begriffe, aber sie setzen sie sehr gut zueinander in Beziehung« (Rousseau, 1958, S. 58).
Solche Äußerungen erscheinen uns heute unangemessen, man sollte aber hier nicht Meinung gegen Meinung ausspielen. In einer empirischen Wissenschaft müßten vielmehr derartige Behauptungen daraufhin untersucht werden, inwieweit sie in überprüfbare Hypothesen umformuliert werden können. Wo dies nicht der Fall ist, sind sie weder beweis- noch widerlegbar und damit wissenschaftlich irrelevant. Im übrigen wäre dann anhand experimenteller Ergebnisse über ihre Stichhaltigkeit zu entscheiden.
Eine derartige Beweisführung wurde und wird aber häufig zugunsten der Plausibilität der Argumente eines Autors, seiner Überzeugungskraft oder seines Prestiges zurückgestellt.
Pädagogik und Psychologie sind diesbezüglich in ihrer geschichtlichen Entwicklung verwandt. Vielleicht wurde die Hinwendung zur empirischen Wissenschaft in der Psychologie etwas früher und rascher vollzogen. Allerdings meldet heute die empirische Pädagogik energisch ihre Ansprüche an. In jedem Falle zeigt sich im Verbindungsbereich zwischen Pädagogik und Psychologie, der Pädagogischen Psychologie, daß die bisherigen Forschungsarbeiten nicht immer in gleicher Weise den methodischen Standards entsprechen, wie dies in anderen Bereichen der Psychologie inzwischen der Fall ist. So ist es erklärbar, daß – wie Weinert (1970, S. 22) anmerkt – Beiträge der allgemeinen, differentiellen, genetischen, sozialen und klinischen Psychologie, also Kenntnisse aus anderen Teildisziplinen, heute noch den größten Teil des gesicherten Erkenntnisstandes der Pädagogischen Psychologie ausmachen. Nun sind aber die psychischen Erscheinungen und ihre Bedingungen wechselseitig außerordentlich kompliziert und wechselseitig verflochten. Die Übertragung von Erkenntnissen aus einem Bereich in einen anderen ist daher nicht ohne weiteres möglich. Es bedarf vielmehr immer einer erneuten empirischen Überprüfung. Insofern warnt Weinert (a. a. O.) vor derartigen unkritischen Übertragungen.
In diesem Zusammenhang wird aber eine prinzipielle Problematik der Pädagogischen Psychologie deutlich, die sie mit der gesamten Psychologie teilt, die aber hier besonders offensichtlich wird: Gemessen an der Fülle dringender und unmittelbar anstehender Fragen und Probleme psychologischer Art, die sich im Zusammenhang mit Erziehung täglich stellen, ist das wirklich fundierte Wissen minimal. Erziehung erfordert aber in den mei-

sten Fällen sofortiges Handeln und verbietet oft das Aufschieben von Entscheidungen, um in der Zwischenzeit eine wissenschaftliche Klärung herbeizuführen. So entstehen leicht Diskrepanzen zwischen den an die Wissenschaft gestellten Anforderungen und den tatsächlich gegebenen Möglichkeiten.

Damit wird die Begründung des unmittelbaren pädagogischen Handelns jetzt und wohl noch für längere Zeit irgendwo zwischen Gutdünken und fundierten Kenntnissen liegen müssen. Es bleibt um so mehr die Aufgabe, sich diesen Tatbestand vor Augen zu halten und den Anteil des Gutdünkens stetig und konsequent zu verkleinern.

Dieser vielleicht etwas pessimistischen Sicht der Dinge stehen auf der anderen Seite beachtliche Leistungen und fördernde Impulse der Psychologie gegenüber, die heute bereits bei pädagogischen Entscheidungen wesentliche Hilfen bieten können. Abgesehen von inzwischen vorhandenen konkreten Forschungsergebnissen sind es vielfach bereits die Methodik und Denkweise der Pädagogischen Psychologie, die in Problemsituationen angemessene Entscheidungen fördern.

Um nur ein Beispiel herauszugreifen: Die Pädagogische Psychologie hat wiederholt gezeigt, wie unterschiedlich motiviert Verhaltensweisen sein können, die oberflächlich gesehen »gleich« zu sein scheinen. Vielmehr ist mit dem Vorhandensein eines breiten Spektrums zugrunde liegender Bedingungen zu rechnen, etwa wenn ein Schüler in einer Klasse ständig den Unterricht stört. Eine unmittelbare, vielleicht vorurteilsbedingte Reaktion des Lehrers könnte es sein, ihn einfach für »böse« zu halten und hart zu bestrafen. Eine Vielzahl von anderen möglichen »Ursachen« kann sich aber hinter einem solchen Verhalten verbergen: Langeweile des Schülers, weil er im Unterricht nicht mitkommt; Langeweile bei einem hochbegabten und daher unterforderten Schüler; lebhaftes Temperament; schwaches Selbstwertgefühl, dadurch der Versuch, mittels Clownerien bei den Mitschülern Aufmerksamkeit und Anerkennung zu erreichen; innere Unruhe und konflikthafte Gespanntheit wegen Schwierigkeiten im Elternhaus usw.

Neben dieser Erweiterung des Beurteilungsrahmens, der Sensibilisierung der Erzieher für psychologische Sichtweisen, bietet die Pädagogische Psychologie vermehrt die Möglichkeit, psychologische Sachverhalte begrifflich präziser zu fassen, Probleme, die sich in der Praxis stellen, als wissenschaftliche Fragestellungen zu formulieren, angemessene Forschungsmethoden bereitzustellen und solcherart einer Lösung auf direkterem Wege näherzukommen.

Solange Erzieher vorzugsweise die Personen weitgehend nachahmen konnten, von denen sie ihrerseits erzogen worden waren, war das Bedürfnis nach wissenschaftlicher Erforschung der Erziehung geringer. Die Umstände, unter denen erzogen wird, und die Welt, für die die Kinder erzogen werden sollen, haben sich jedoch rasch geändert. Zudem besteht in der Erziehung wie in vielen anderen Bereichen das Bestreben, die angestrebten Ziele zuverlässiger zu erreichen. Es wird also immer fragwürdiger, auf traditionelle Verfahrensweisen zurückzugreifen oder lediglich zu probieren und den Erfolg abzuwarten. In Situationen der Unsicherheit – und wir befinden uns in einer solchen – bietet die Kenntnis wissenschaftlich erforschter Zusammenhänge eine Entscheidungshilfe.

Gegenstand der Pädagogischen Psychologie ist »der unter Erziehungseinwirkungen stehende Mensch« (Roth, in Derbolav und Roth, 1959, S. 108). Was ist aber Erziehungseinwirkung oder Erziehung?

Erziehung geht von dem Anspruch aus, den heranwachsenden Menschen zu formen, ihn auf eine vorhandene Zielvorstellung hin zu »bilden« oder doch dieser Zielvorstellung zumindest möglichst nahezubringen. Ein solches Unterfangen kann aber nur sinnvoll sein, wenn die Entwicklung des Menschen erzieherischen Einflüssen überhaupt zugänglich ist, wenn sie nicht nach einer vorprogrammierten inneren Eigengesetzlichkeit abläuft.

Letztlich handelt es sich hier um das »Anlage-Umwelt-Problem«, das jahrzehntelang die Diskussion bestimmte: Ist der Mensch, so wie er in seiner Eigenart existiert, von seiner Erbanlage her bestimmt, oder ist er das Produkt der von der Umwelt aus auf ihn einwirkenden Einflüsse?

Ohne hier näher auf die unterschiedlichen Argumente einzugehen, läßt sich in jedem Falle festhalten, daß die Frage so falsch gestellt ist. Die von W. Stern (1935) in seiner »Konvergenztheorie« betonte gleichzeitige Wirksamkeit (oder wie man heute etwas präziser formulieren würde »Wechselwirkung«) erbmäßiger Anlagen und äußerer Entwicklungsbedingungen, stellt heute vom Standpunkt des Genetikers aus nur noch eine Trivialität dar (Ritter und Engel, 1970). Wesentlich ist vielmehr jetzt die Frage, in *welchem Ausmaß* äußere Einflüsse eine Entwicklung zu modifizieren vermögen. Die bisherigen Untersuchungsergebnisse zeigen, daß dieses Ausmaß immerhin recht beträchtlich ist, innerhalb des psychischen Bereiches aber je nach untersuchtem Sachverhalt unterschiedlich hoch angesetzt werden muß (vgl. Gottschaldt, 1949, Cattell et al., 1957).

Erziehung läßt sich daran anschließend definieren als Gestaltung der Umwelt eines in Entwicklung befindlichen Menschen mit dem Ziel, seine in der Anlage vorhandenen Möglichkeiten zu beeinflussen und zu fördern. Im wesentlichen besteht sie im wechselseitigen aufeinander Bezogensein von Verhaltensweisen des Erziehenden einerseits und des Erzogenen andererseits.

Diese Definition geht vom Begriff einer »*intentionalen*« Erziehung aus, die bewußt und gezielt Maßnahmen ergreift, um eine gewünschte Wirkung zu erreichen. Daneben ist es aber sicher, daß wesentliche Einflüsse auf das Verhalten und Erleben eines Kindes auch von solchen Umweltbedingungen ausgehen, die mehr oder weniger zufällig zustande kommen oder vielfach unreflektiert bleiben, wie etwa die verkehrsmäßige Erreichbarkeit einer weiterführenden Schule, die aggressive Reizbarkeit eines Elternteils, die Stellung des Kindes in der Geschwisterreihe, die Bedingungen des vorhandenen Schulsystems, des Lehrplanes, Zugehörigkeit der Eltern zu einer bestimmten sozialen Schicht und so weiter.

Solche Bedingungen einer »*funktionalen*« Erziehung sind insofern ebenfalls einer wissenschaftlichen Erforschung bedürftig, als sie eventuell

1. ursprünglich unbeachtet, bei Kenntnis ihrer Wirkung bewußt und gezielt vom Erzieher gehandhabt,
2. durch politische Maßnahmen beeinflußt werden können und
3. konstituierende Bestandteile einer pädagogischen Situation sind und, da sie dort ihre Wirksamkeit entfalten, berücksichtigt werden müssen, beispielsweise wenn die Unselbständigkeit eines Einzelkindes unter Umständen andere pädagogische Maßnahmen erfordert als die eines Jüngsten von mehreren Geschwistern.

Um eine Vermengung mit dem Begriff der Sozialisation zu vermeiden, der sich auf alle Bedingungen und Prozesse erstreckt, die das Hineinwachsen des Menschen in und seine Anpassung an die Gesellschaft bewirken und modifizieren, sei Erziehung hier auf Umweltbedingungen bezogen, die tatsächlich oder möglicherweise in der Zukunft für eine gezielte und bewußte Beeinflussung der Entwicklung eines Menschen von Bedeutung sein können.

Gegenstand und Fragestellung der Pädagogischen Psychologie sind damit relativ weit zu fassen. Sie ist innerhalb des gesteckten Rahmens definierbar als die Wissenschaft von den psychologisch relevanten Entwicklungsbedingungen bzw. den Umweltgegebenheiten, die auf das Verhalten und Erleben eine verändernde oder modifizierende Wirkung ausüben können.

Demgegenüber beschränkt sich der größte Teil der bisherigen Forschung auf schulische Fragestellungen im Sinne einer intentionalen Pädagogik, wie etwa den Bedingungen schulischen Lernens, der Kontrolle des erzielten Leistungserfolges sowie der Diagnostik und Behandlung von Lernstörungen. Erst in letzter Zeit rückt das Vorschulalter mehr in den Mittelpunkt des Interesses. Berufsausbildung, Studium und Erwachsenenbildung sowie Fragen des außerschulischen Bereiches treten demgegenüber zurück.

Aus der Tatsache, daß die Pädagogische Psychologie einen Teilbereich einer empirischen Wissenschaft darstellt, wird verschiedentlich eine Begrenzung insofern abgeleitet, als das Aufstellen von Normen, d. h. Erziehungszielen nicht zu ihren Kompetenzen gerechnet wird (vgl. u. a. Weinert, 1970, S. 24), denn eine empirische Wissenschaft erforscht das, was ist, nicht, was sein sollte. Dies kann jedoch nicht ein – wenn auch vielleicht beschränktes – *Mitspracherecht* der Psychologie bei der Diskussion von Erziehungszielen ausschließen. So kann die Pädagogische Psychologie beispielsweise die Nichterfüllbarkeit von Erziehungszielen aufzeigen, wenn sie einander ausschließen, wenn etwa unbedingter Gehorsam, Bereitschaft zur Unterordnung, Kritikfähigkeit, Selbständigkeit und Initiative als ideal gelten und gleichzeitig bei der Erziehung angestrebt werden sollten. Auf eine vorhandene Unvereinbarkeit dieser Persönlichkeitszüge müßte die empirische Wissenschaft hinweisen.

Normvorstellungen und Wertsysteme sind der empirischen Forschung insofern zugänglich, als ihre Bestandsaufnahme und Beschreibung möglich ist, bezogen auf existierende Sachverhalte und ihre Zusammenhänge und Beziehungen untereinander. Begründen lassen sich Normen und Werte aber durch eine empirische Wissenschaft nicht. So mag die Medizin die Voraussetzungen körperlicher Gesundheit wissenschaftlich erarbeiten. Welchen Rangplatz jedoch körperliche Gesundheit im Wertsystem einer Gesellschaft einnehmen soll, läßt sich empirisch nicht begründen.

Nicht berührt von der genannten Einschränkung ist, daß der Psychologe als mündiges Mitglied seiner Gesellschaft an der Diskussion und Formulierung von Erziehungszielen beteiligt sein wird, ungeachtet eventueller Begrenzungen seiner wissenschaftlichen Aussagemöglichkeiten.

Schließlich stellt sich noch die Frage, inwieweit die Pädagogische Psychologie als eigenständige Wissenschaft angesehen werden soll. Diese Eigenschaft wird immer wieder für sie beansprucht.

Sicher ist dies insofern berechtigt, als – wie bereits dargelegt – die Pädagogische Psychologie ihre eigenen Fragestellungen hat und Ergebnisse aus anderen Bereichen der Psychologie nicht ohne weiteres übertragbar sind. Nicht zu übersehen ist aber auch die Verschränkung mit anderen Teildisziplinen der Psychologie. Insofern, als sie sich mit Lernvorgängen befaßt, bestehen enge Beziehungen zur Allgemeinen Psychologie. Die Entwicklungspsychologie gibt Auskunft über die Gesetzmäßigkeiten, unter denen Entwicklung verläuft, und beschreibt den in einem bestimmten Alter jeweils zu erwartenden Entwicklungsstand, der eine wesentliche Voraussetzung pädagogischer Maßnahmen darstellt. Gegenstand der Persönlichkeitspsychologie ist die individuelle Verschiedenheit einzelner Menschen, die sich auf ihre pädagogischen Voraussetzungen hin untersuchen läßt, außerdem auch bei unterschiedlicher Eigenart der Persönlichkeit des zu erziehenden Kindes unterschiedliche Maßnahmen angezeigt erscheinen lassen kann.
Erziehung gründet als Vorgang in der Wechselbeziehung zumindest zweier Menschen, des Erziehers und des Erzogenen. Darüber hinaus erfolgt sie in institutionalisierten Gruppen wie der Familie, der Kindergartengruppe, der Schulklasse usw. Damit spielen Fragestellungen und Ergebnisse der Sozialpsychologie unmittelbar mit herein. Die Diagnostische Psychologie stellt die Methoden zur Verfügung, mittels derer sich individuelle Eigenarten, Entwicklungszustände usw. bestimmen und beschreiben lassen. Psychische Störungen, wie sie auch im Bereich der Pädagogik auftreten, sind schließlich das Arbeitsfeld der klinischen Psychologie.
Diese Zusammenstellung soll keine Vollständigkeit beanspruchen, sie mag aber die außerordentliche Breite zeigen, in der die Pädagogische Psychologie mit der gesamten Psychologie verflochten ist. Daneben hat sie ihre Problemstellungen, empirischen Forschungsergebnisse, theoretischen Modelle und praktischen Anwendungsmöglichkeiten in durchaus eigenständiger Weise. Sie ist, um lebensfähig zu sein, auf ihre Nachbardisziplinen angewiesen, eigenständig insofern, als sie nicht aus ihnen ableitbar ist.

2 Lernen

2.1 ˋBegriff und pädagogische Relevanz des Lernens

Als gebräuchlicher Begriff der Umgangssprache scheint das »Lernen« wenig Probleme zu bieten. Meist versteht man darunter zweierlei: einmal den Erwerb von Kenntnissen, etwa wie in der Schule oder in Institutionen, die nach diesem Modell gebildet sind. So »lernt« man Gedichte auswendig, Fremdsprachen, Geographie usw. Der Lernende eignet sich Wissen an, über das er bei Bedarf verfügen kann, um es zur Lösung von Aufgaben, Problemen u. dgl. zu benutzen.

Zum anderen bedeutet »Lernen« gängigerweise den Erwerb von Fertigkeiten, wie etwa Radfahren, Schlittschuhlaufen, die Handhabung eines Hobels usw. Beide genannten Formen des Lernens sind im allgemeinen miteinander kombiniert und werden als Grundelemente jeder Ausbildung aufgefaßt, sei es in der Schule, sei es für einen bestimmten Beruf. Der ABC-Schütze erwirbt die Fertigkeit, die Bewegungen seiner Hand so zu steuern, daß er Buchstaben und Wörter schreiben kann und erwirbt gleichzeitig das Wissen um deren Bedeutung. Jede handwerkliche Berufsausbildung vermittelt neben den notwendigen Fertigkeiten zusätzlich theoretische Kenntnisse.

Schon diese Beispiele des umgangssprachlichen Verständnisses enthalten zwei wesentliche Charakteristika des Lernens. Das eine besteht darin, daß etwas Neues, vorher nicht Vorhandenes auftritt. Jemand, der früher nicht Auto fahren konnte, kann es jetzt; er hat es gelernt. Das zweite Charakteristikum besteht in dem zeitlichen Überdauern des Gelernten, denn wir sagen erst dann, ein Gedicht oder eine fremdsprachige Vokabel sei gelernt, wenn sie über längere Zeit zur Verfügung stehen.

Allgemeiner formuliert besteht Lernen in einer mehr oder weniger langfristigen Veränderung der Reaktionen eines Organismus in einer gegebenen Situation. So verstanden und konsequent angewendet reicht der Begriff des Lernens jedoch weit über den Erwerb von Kenntnissen und Fertigkeiten hinaus. Eine derart überdauernde Veränderung des Verhaltens liegt nicht nur vor, wenn ein Kind das Einmaleins gelernt hat, sondern z. B. auch dann, wenn es sich plötzlich vor Kaninchen fürchtet oder wenn ein Mensch seine Einstellung gegenüber einer sozialen Minderheit ändert. Entsprechend ist auch der psychologische Lernbegriff wesentlich weiter gefaßt als der umgangssprachliche. Die Erforschung des Lernens hat sich dementsprechend in ihrem überwiegenden Teil mit Formen des Lernens befaßt, die abseits des alltäglichen Verständnisses von Lernen liegen.

Neben dieser Ausweitung ist jedoch auch eine Einschränkung und Präzisierung des Lernbegriffs notwendig. Gewöhnlich spricht man davon, ein Kind »lerne« laufen, wenn es allmählich beginnt, aufzustehen und, zunächst sich festhaltend oder mit fremder Unterstützung, die ersten Schritte zu gehen. Gesell und Thompson (1929) konnten jedoch zeigen, daß es sich hier zumindest nicht nur um Lernen handelt: Von zwei eineiigen Zwillingen bekam der eine Gelegenheit, das Gehen zu üben, während der andere daran gehindert wurde. Als nun der erstere laufen konnte, bekam auch der zweite Gelegenheit dazu – und konnte es binnen kürzester Zeit genausogut, ohne nennenswerte Übung, quasi »von selbst«, d. h. aufgrund einer intern abgelaufenen Entwicklung, die zur gegebenen Zeit ohne speziellen Einfluß der Umwelt einen entsprechenden Stand erreicht hatte. Dieser Vorgang wird im Unterschied zum Lernen als »Reifung« bezeichnet.

Nicht zu den Lernvorgängen gerechnet werden auch solche Veränderungen, die durch Krankheit bedingt sind, etwa wenn die emotionale Erregbarkeit eines Menschen infolge einer Überfunktion der Schilddrüse gesteigert ist.

Zusammenfassend läßt sich sagen: Mehr oder weniger dauerhafte Veränderungen des Verhaltens, die weder auf Reifung noch auf Krankheiten oder Verletzungen u. dgl. zurückzuführen sind und primär auf Umwelteinflüssen beruhen, werden als Lernvorgänge bezeichnet.

Wir haben damit den psychischen Mechanismus vor uns, der im Zusammenspiel von ererbter Anlage und äußeren Umwelteinflüssen bei der Persönlichkeitsentwicklung eine entscheidende Rolle spielt und damit der eigentliche Angelpunkt der Pädagogischen Psychologie ist, denn hier besteht die Chance, Entwicklungsprozesse zu beeinflussen und zu lenken, d. h. erzieherisch einzugreifen. In dem Maße, in dem die Gesetzmäßigkeiten, unter denen Lernen erfolgt, erkannt sind, werden Möglichkeiten und Grenzen erzieherischer Einwirkung deutlicher.

Charakteristisch für die Erforschung des Lernens war, daß sich die einzelnen Autoren überwiegend mit recht spezifischen Formen und Bedingungen des Lernens befaßten und häufig geneigt waren, von dem von ihnen bearbeiteten Teilgebiet her eine allgemeine Theorie aller Lernvorgänge zu formulieren. Demgegenüber erscheint Lernen inzwischen immer mehr als ein äußerst vielfältiger Prozeß, der unter den verschiedensten äußeren und inneren Bedingungen abläuft und daher unter mehreren Gesichtspunkten betrachtet werden kann und muß.

Einige dieser Gesichtspunkte sollen zunächst anhand typischer Ansätze der Lernforschung dargestellt werden, bevor dann das Problem nochmals im Zusammenhang aufgegriffen wird. Dabei ist innerhalb des hier gesteckten Rahmens eine Beschränkung auf die wichtigsten Lernformen notwendig, die vor allem für allgemeine pädagogische Gesichtspunkte bedeutsam sind. Für eine eingehendere Beschäftigung mit Lernpsychologie sei verwiesen auf Bergius (1971), Foppa (1966), Haseloff und Jorswieck (1970), Hilgard und Bower (1966); mehr auf Fragen im Zusammenhang mit schulischen Problemen des Lernens geht Gagné (1970) ein.

2.2 Verschiedene Formen und Aspekte des Lernens

2.2.1 Das klassische Konditionieren

Der ursprüngliche Grundversuch von Pawlow ist inzwischen weithin bekanntgeworden. Ein hungriger Hund, dem ein Stück Fleisch hingehalten wird, beginnt Speichel abzusondern. Man kann nun das Zeigen des Fleischbrockens mit einer anderen Sinneswahrnehmung kombinieren, z. B. einem Klingelzeichen, die für sich allein keine besondere Reaktionen hervorbringen würde. Wiederholt man diesen Vorgang einige Male, so genügt bald das Klingelzeichen alleine, ohne das Fleisch, um die Speichelabsonderung beim Hund in Gang zu setzen. Dieses Phänomen wird als »bedingter Reflex« bzw. »konditionierter Reflex« oder »klassische Konditionierung« bezeichnet. Im einzelnen:

Unter einem Reflex versteht man eine »unwillkürliche nervöse Reaktion auf einen Reiz« (Rein, 1956, S. 415). Löst ein Vorgang (in unserem Falle die Präsentation des Fleischbrockens) natürlicherweise und bei allen Individuen einer Art eine Reaktion aus, so spricht man von einem *unbedingten Reflex*. In unserem Beispiel handelte es sich um die Absonderung von Speichel bei der Präsentation von Futter. Eine analoge Reaktion wäre z. B. beim Menschen das Blaßwerden und verstärkte Herzklopfen nach einem heftigen Schmerzreiz. Ein unbedingter Reiz bzw. Stimulus ruft unwillkürlich eine unbedingte Reaktion hervor.

unbedingter Reflex

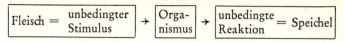

Es gibt eine Fülle von Stimuli, die keinerlei derartige unwillkürliche Reaktionen hervorrufen. Sie werden als *indifferente Reize* bzw. Stimuli bezeichnet. Bei unserem Beispiel ist das Klingelzeichen ein derartiger indifferenter Stimulus. In der Phase des Bedingens bzw. Konditionierens werden nun der unbedingte und der indifferente Reiz (Fleisch und Klingelzeichen) gemeinsam vorgegeben.

Phase des Bedingens

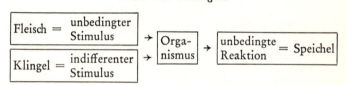

Geschieht das mehrfach wiederholt, so verliert der ursprünglich neutrale Stimulus seine Indifferenz und wird zum bedingten Stimulus, d. h. er löst auch für sich alleine die Reaktion aus, die ursprünglich der mit ihm gemeinsam aufgetretene unbedingte Stimulus hervorgerufen hatte.

bedingter Reflex

Einige zusätzliche Momente spielen bei der Bildung bedingter Reflexe eine Rolle. So wird sie durch die gesteigerte Bereitschaft zu Angstreaktionen gefördert. Ebenso ist es günstig, wenn in der Konditionierungsphase der indifferente Reiz dem unbedingten Reiz kurz vorausgeht, etwa um 0,2 bis 1,5 Sekunden, optimal sind ungefähr 0,5 Sekunden (Kimble, 1961).

Vielerlei Reize wurden als indifferente Stimuli in Experimenten benutzt, wie etwa Farben, Lichtzeichen, bestimmte Formen wie Kreise, Quadrate usw. oder auch komplexere Situationen, ebenso wurden hiermit die verschiedensten Reflexe ausgelöst, wie etwa der Lidschluß nach einem Luftstoß gegen das Auge, die

Steigerung der Pulsfrequenz nach einem Schreckreiz usw. Als am besten konditionierbar erwiesen sich dabei mehr diffuse emotionale Reaktionen bzw. deren körperliche Begleiterscheinungen (Foppa, 1966).

Versucht man, diese Beobachtungen zu interpretieren, sie auf Konstrukte zurückzuführen und in einen größeren Zusammenhang einzubauen, so kann man den bedingten Reflex als Lernen von Signalen bezeichnen (Gagné, 1970; Foppa, 1966; Haseloff und Jorswieck, 1970). Er bekommt insofern Zeichencharakter, als er auf ein bevorstehendes Ereignis hinweist und seinerseits bereits die entsprechenden Reaktionen auslöst, die meist diffusganzheitlichen Charakter haben und quasi eine Einstellung auf dieses bevorstehende Ereignis darstellen.

Tritt ein bedingter Reiz öfters alleine auf, ohne daß durch eine erneute Koppelung mit dem unbedingten Reflex eine erneute Bekräftigung erfolgt, so verliert er seine Wirksamkeit und wird wieder zum indifferenten Reiz. Es ist eine *Löschung* (Extinktion) des bedingten Reflexes erfolgt. Allerdings kann ohne einen besonderen Anlaß der bedingte Reflex spontan wieder auftreten (Reminiszenzeffekt). Er verlöscht aber dann wieder, sofern er nicht erneut bekräftigt wird.

Nun ist aber der bedingte Reflex nicht nur auf das Laboratorium beschränkt oder gar auf Versuchstiere, auch beim Menschen und im Alltag ist eine Fülle von Reaktionen, vor allem gefühlshafter Art, auf ihn zurückzuführen. Werden einem Kind von einem weiß angezogenen Arzt Schmerzen zugefügt, so reagiert es unmittelbar mit Angst und Abwehrreaktionen. Häufig wird aber auch auf dem Wege des Konditionierens der weiße Kittel, ursprünglich neutral, zum Auslöser heftiger Angstreaktionen. Er hat Signalcharakter für eine bedrohliche Situation erhalten, auch dann, wenn etwa »nur« ein Friseur damit bekleidet ist, von dem eigentlich keine Schmerzen zu erwarten sind (Landreth und Read, 1942). Oder: Bekommt ein Kind beim Haarewaschen Seife in die Augen, so reagiert es ebenfalls negativ auf den damit verbundenen Schmerz. Es kann nun sein, daß sich diese Reaktion auf das an sich harmlose Signal »Haarewaschen« oder gar »Baden« erweitert.

Die Befriedigung elementarer Bedürfnisse des Säuglings erfolgt in der Regel durch die Mutter oder andere Pflegepersonen. Deren Erscheinen wird mit der Zeit mit angenehmen Erlebnissen gekoppelt, so daß ihre reine Anwesenheit bereits freudig begrüßt und als angenehm erlebt wird, denn allein schon ihr Erscheinen ist zum Signal für bevorstehende Behaglichkeit geworden.

Indem ein Konditionierungsvorgang auf den anderen aufbaut, gliedern sich für den heranwachsenden Menschen die Gegenstände und Situationen seiner Umwelt, sie erhalten unterschiedliche Bedeutungsgehalte, je nach den Erlebnissen, die aufgrund voraufgegangener Erfahrungen mit ihnen verknüpft sind. Die Gliederung der Umwelt, das Wahrnehmen und Erkennen ihrer einzelnen Gegebenheiten (d. h. kognitive Prozesse) werden verbunden mit gefühlshaften und affektiven Regungen (emotionalen Erlebnissen). Es ist anzunehmen, daß diese »emotional-kognitiven Bewertungsreaktionen« (Hermann, 1969, S. 389 ff.) in entscheidender Weise unser Verhalten steuern.

Das mit dem Besuch beim Zahnarzt verbundene Unbehagen, das »schlechte Gewissen«, das einen bei der Übertretung eines Verbotes beschleicht oder das erhebende und aktivierende Gefühl, das manchen beim Anblick von Fahnen oder ähnlichen solidaritätsstiftenden Symbolen überkommt, überall handelt es sich um auf kognitivem Wege aufgefaßte Situationen mit Signalcharakter, die aufgrund voraufgegangener Erfahrungen bestimmte Gefühlserlebnisse erwarten lassen und sie bereits selbst auszulösen vermögen. Emotionale Reaktionen gegenüber Menschen oder Dingen, die nicht auf einem im Moment ablaufenden Geschehen beruhen, sondern von vornehereim bestehen und, sobald sie wahrgenommen werden, sich »automatisch« einstellen, sind ebenso konditioniert.

Ganz in diesem Sinne vermeidet es eine Erziehung, die weitgehende Angstfreiheit zum Ziel hat, möglichst, ein Kind unnötig Angst- und Schreckerlebnissen auszusetzen, wie sie mit manchen Strafformen (z. B. Schlägen) verbunden sind.

2.2.2 Das Lernen erfolgreicher Handlungsweisen (instrumentelles Konditionieren)

Im Konzept des bedingten Reflexes ist die Verknüpfung von Signalen erfaßt, die meist eine ganzheitliche, in der Regel emotional getönte Reaktion des Organismus bewirken, welche ihrerseits wiederum als biologisch zweckmäßige Anpassungsreaktion interpretiert werden kann. Diese Anpassung hat aber primär passiven Charakter, denn die Reaktion wird unwillkürlich durch den Reiz ausgelöst. Es fehlt das aktive und wirksame Eingreifen des Organismus in die Umweltgegebenheiten durch erfolgreiche Handlungsweisen. Sachverhalte dieser letztgenannten Art werden in anderen Lerntheorien behandelt, von denen einige ausschnittweise dargestellt werden sollen.

2.2.2.1 Lernen am Erfolg

Eines der grundlegenden Experimente, wie sie von Thorndike durchgeführt wurden, läuft folgendermaßen ab:

Eine Katze wird in einen ihr unbekannten Käfig gesperrt, dessen Tür von innen geöffnet werden kann, wenn man an einer Schnur zieht. Das Versuchstier wird mit der Zeit unruhig und vollführt eine Fülle von Bewegungen und Handlungen, die teils auf angeborenen Verhaltensmustern beruhen, teils in früheren, ähnlichen Situationen gelernt wurden, mehr oder weniger zufällig aufeinander folgen, in jedem Falle aber nicht zweckmäßig oder zielorientiert sind. So kratzt und beißt die Katze z. B. am Käfig, sie läuft unruhig herum, versucht, sich durch die vorhandenen Lücken zu zwängen usw., bis sie schließlich irgendwann zufällig auch einmal an der Schnur zieht – die Käfigtür öffnet sich und das Tier kann hinausgelangen und seinen Durst oder Hunger stillen.

Dieser Versuch wird nun mit dem gleichen Versuchstier wiederholt. Diesmal ist aber die Zeit, die bis zum Ziehen der Schnur vergeht, kürzer und sie vermindert sich mit jedem neuen Versuch, bis schließlich das Tier soweit ist, daß es sofort, nachdem es in den Käfig gesetzt wurde, ohne Umschweife an der Schnur zieht und die Türe öffnet.

Es hat also gelernt, in einer gegebenen Situation (eingesperrt in einen Käfig) eine zweckmäßige Handlung auszuführen (an einer Schnur ziehen), um ein Bedürfnis zu befriedigen (freie Bewegungsmöglichkeit, Stillen von Hunger und Durst). Entscheidend hierbei ist – im Unterschied zu anderen Lerntheorien – daß die zweckmäßige Handlung zunächst rein zufällig gefunden wurde. Im Verlauf der einzelnen Durchgänge des Experiments werden dann die Irrtümer des Tieres, d. h. seine erfolglosen Versuche seltener. Die erfolgreichen Reaktionen werden verstärkt. Eine Bezeichnung für diese Form des Lernens ist daher auch: »Lernen nach Versuch und Irrtum.«

Natürlich ist die Anordnung der äußeren Bedingungen dieses Experiments veränderbar. So wurden z. B. auch Tiere in ein Labyrinth gesetzt und mußten sich den Weg zum Ausgang und damit zum Futter selbst suchen, wobei sie sich im ersten Durchgang häufig in Sackgassen verirrten, bis sie schließlich ans Ziel gelangten. Mit jedem weiteren Durchgang nahm aber die Zahl der Irrwege ab, bis schließlich das Labyrinth direkt und ohne Fehler durchlaufen wurde.

Um es nochmals herauszustellen: Im Unterschied zum bedingten Reflex wird hierbei eine gezielte und zweckmäßige Handlungsweise gelernt, die sich als geeignet erwiesen hat, ein erstrebtes Ziel zu erreichen bzw. einer unangenehmen Situation zu entkommen. Wichtig dabei ist, daß der eingeschlagene Weg zum Ziel führt, d. h. zur Verminderung einer Bedürfnisspannung, und daß ein solcher Vorgang wiederholt wird. Thorndike faßte dies in zwei Gesetzen zusammen, dem Effektgesetz und dem Übungsgesetz (Thorndike, 1913 b).

Das Effektgesetz (law of effect) bezieht sich auf die Folgen einer Verhaltensweise. Es besagt, daß die Verknüpfung eines Verhaltens mit einer bestimmten Situation durch den nachfolgenden Effekt beeinflußt wird. Besteht er für den Organismus in einer Befriedigung (positiver Effekt), so wird diese Verbindung bekräftigt, d. h. in einer gleichen oder ähnlichen Situation wird diese Verhaltensweise eine verstärkte Tendenz (größere Wahrscheinlichkeit) des Auftretens haben. Bei unbefriedigendem (negativem) Effekt, d. h. fehlender Belohnung oder bei Bestrafung wird diese Tendenz geschwächt. Erfolg und Mißerfolg einer Verhaltensweise sind damit die entscheidenden Bedingungen dafür, ob sie in Zukunft beibehalten wird oder nicht.

Nachdem Thorndike ursprünglich das Ausmaß der Wirksamkeit von Belohnung und Bestrafung als gleich hoch angesehen hatte – wenn man von der Richtung der Wirkung absieht –, so kam er später aufgrund weiterer Untersuchungen zu dem Ergebnis, daß die Wirkung von Belohnungen gegenüber der von Bestrafungen deutlich überwiegt.

Das Übungsgesetz (law of exercise, auch mit »Frequenzgesetz« übersetzt) zielt auf die Notwendigkeit und Bedeutung der Übung ab. Nach ihm wird die Verbindung zwischen einer situativen Bedingung und einer Verhaltensweise durch Übung (= Wiederholung) verstärkt, durch mangelnde Übung geschwächt. Auch für dieses Gesetz ergab sich später eine Modifikation insofern, als Experimente zeigten, daß die *bloße* Wiederholung ohne nachfolgenden Effekt, wenn überhaupt, dann nur eine sehr geringe Wirkung aufweist (Thorndike, 1940). Praktisch wird damit die Gültigkeit des Übungsgesetzes an das Effektgesetz gekoppelt.

Neben diesen beiden Gesetzen stellte Thorndike eine Reihe weiterer regelhafter Beziehungen auf, die hier nicht näher behandelt werden sollen. Seine Experimente waren auch nicht, wie es vielleicht aus dieser kurzen Darstellung erscheinen mag, auf Tierversuche beschränkt, sondern bezogen sich auch auf menschliches Lernen.

In der alltäglichen Erfahrung zeigt sich diese Form des Lernens am Erfolg dort, wo wir uns einer neuartigen Situation gegenübersehen, die wir nicht überblicken können, in der wir aber handeln müssen. Meist versuchen wir dann »auf gut Glück« verschiedene Lösungen. Eine davon führt zufällig zum Erfolg. Später, in einer ähnlichen Situation, werden wir schneller auf die seinerzeit erfolgbringende Handlungsweise zurückgreifen.

Der Ansatz von Thorndike, der die Elemente seiner Theorie noch relativ lose nebeneinandergestellt und wenig systematisiert hatte, wurde von Hull (1943, 1951) nicht nur weitergeführt, sondern auch zu einer in sich geschlossenen und streng formalisierten Theorie des Verhaltens ausgebaut. Diese umfangreiche Theorie geht von einer Reihe definierter Grundbegriffe aus und formuliert deren Beziehungen untereinander als »Postulate«. Hieraus wiederum lassen sich Folgesätze (»Corollarien«) ableiten, die einer experimentellen Überprüfung zugänglich sind.

2.2.2.2 Skinners operantes Konditionieren

Wesentliche Punkte, in denen Skinner von den anderen Lerntheoretikern abweicht, können u. a. in folgendem gesehen werden: Einmal in der Unterscheidung von »respondents« und »operants«, zum anderen im Begriff der schrittweisen Annäherung (»sukzessiven Approximation«).

Anders als seine Vorgänger, die jegliches Verhalten auf einen zugrunde liegenden Reiz zurückführten, der, wenn auch nicht immer der Beobachtung zugänglich, so doch im Prinzip als immer vorhanden angenommen wird, unterschied Skinner zwei Gruppen von Verhaltensweisen (Skinner, 1938, 1953).

Die eine Gruppe umfaßt diejenigen, die in dem genannten Sinne als durch einen Reiz hervorgerufen gelten können, d. h. es handelt sich um reaktive Verhaltensweisen auf einen bekannten und beobachtbaren Stimulus. Sie werden von Skinner als *respondents* bezeichnet. Von ihnen unterscheidet sich eine zweite Gruppe, für die kein primärer auslösender Stimulus bedeutsam bzw. bekannt ist. Sie können als spontan hervorgebracht gelten und werden als *operants* bezeichnet.

Skinner unterscheidet dementsprechend auch zwei Formen des Konditionierens, die Typen S und R. Das Konditionieren vom Typ S besteht in der Verbindung zweier mehr oder weniger gleichzeitig erscheinender Reizgegebenheiten bzw. Stimuli und entspricht damit weitgehend dem klassischen Konditionieren. Das Konditionieren vom Typ R hingegen bezieht sich auf die Aktivitäten eines Organismus, die durch einen nachfolgenden Stimulus bekräftigt werden. In gewissem Sinne entspricht dies wiederum dem Effektgesetz von Thorndike.

Die »Stärke« eines operant läßt sich bestimmen aus der Häufigkeit seines Auftretens. Tritt nun ein operant in Erscheinung und wird es dann durch einen darauffolgenden belohnenden Stimulus bekräftigt, so erhöht sich seine Stärke, d. h. die Wahrscheinlichkeit seines Auftretens nimmt zu.

Das Entstehen neuer Verhaltensweisen ist bei Skinner gegenüber Thorndike trotz der angedeuteten Entsprechungen wesentlich anders zu sehen. Nach Thorndike kommt es darauf an, daß eine zweckmäßige bzw. erfolgreiche Verhaltensfolge zufällig gefunden wird, etwa wenn das Versuchstier ein Labyrinth nach mehreren Irrwegen erfolgreich durchläuft und anschließend belohnt wird, in weiteren Durchgängen immer schneller den richtigen Weg findet, bis es schließlich ohne jeden Irrweg zum Ziel läuft. Stellen wir uns nun vor, ein Versuchsleiter habe nicht nur am Ausgang des Labyrinths, sondern bereits an jeder Weggabelung dort Futter hingelegt, wo das Versuchstier die richtige Richtung einzuschlagen hat. Sein Verhalten würde damit schrittweise zum Ziel hingelenkt, was rascher zum Erfolg und damit zum Erlernen einer bestimmten Verhaltensweise führt.

Im Prinzip handelt es sich hier um die »schrittweise Annäherung«, die darin besteht, daß nicht erst eine ganze, zufällig entstandene Verhaltensfolge bekräftigt wird, sondern zunächst jede Verhaltenstendenz, die in die erwünschte Richtung geht, die zum erwünschten Zielverhalten hinführt. Anschließend genügt es dann, nur noch das Gesamtverhalten zu bekräftigen.

So konnte Skinner demonstrieren, daß sich eine Taube binnen kürzester Zeit dressieren läßt, z. B. sich um sich selbst im Uhrzeigersinn zu drehen. Es genügt, das Tier zu beobachten, und jede Bewegung, die in die erwünschte Richtung geht, zu belohnen, um eine entsprechende Verhaltensformung (shaping) zu erzielen. Nach dem Thorndikeschen Modell hätte der Dressierende so lange warten müssen, bis sich die Taube zufällig einmal im Uhrzeigersinn um sich selbst gedreht hätte, um dies dann zu belohnen und zu bekräftigen und dann zu warten, bis diese Verhaltensform nochmals eintritt usw., ein Verfahren, das sicher mehr Zeit in Anspruch nimmt.

Aber nicht nur die größere Geschwindigkeit des Erlernens ist hier wesentlich, sondern auch die Neuartigkeit und Kompliziertheit von Verhaltensfolgen, die auf diese Weise erlernt werden können. So ließe sich einer Taube etwa folgende Verhaltensfolge andressieren: drei Drehungen nach rechts, zwei nach links, fünfmal einen Hebel drücken, auf einen Punkt inmitten einer weißen Karte picken, und das alles nur, wenn das Licht eingeschaltet ist.

Vielleicht stellt sich der Eindruck ein, es handle sich hier um zwar komplizierte, letztlich aber lebensferne Kunststückchen. Aber stellen wir uns vor, ein Angestellter sieht sich zum erstenmal seinem Chef gegenüber. Ohne sich dessen im einzelnen bewußt zu sein, wird er sich danach richten, welche Reaktionen sein eigenes Verhalten bei seinem Gegenüber hervorruft. Ein leichtes Lächeln, beifälliges Kopfnicken usw. werden ihn jeweils in dem jeweils voraufgegangenen Teil des Verhaltens bestärken, Stirnrunzeln, kaum wahrnehmbares Zurückzucken u. dgl. werden das Gegenteil bewirken, und recht bald wird unser Angestellter wissen, wie er seinem Chef zu begegnen hat.

Auch im pädagogischen Bereich erfolgen viele Verhaltensformungen nach diesem Muster. Ein Kind, das ja eine Fülle von Verhaltensweisen in immer neuen Variationen hervorbringt, registriert die mehr oder weniger deutlichen Reaktionen der Personen seiner Umwelt hierauf, etwa von Eltern, Lehrern, Geschwistern, Freunden usw. Je nachdem, ob diese Reaktionen bestätigend oder zurückweisend sind, werden die jeweils voraufgegangenen Verhaltensanteile entsprechend beeinflußt, sie treten entweder häufiger auf oder seltener. Im ständigen Wechselspiel zwischen dem Verhalten des Kindes und den darauf erfolgenden Reaktionen der Umwelt wird das Verhalten in einem schrittweisen Prozeß ständig modifiziert, bis es schließlich eine Form erhalten hat, die unter den gegebenen Umständen optimalen Erfolg bringt.

2.2.3 Lernen durch Einsicht

Besonders typisch für diese Form des Lernens ist der folgende aus einer Reihe klassischer Versuche von W. Köhler (1917): In einem Käfig befand sich ein Schimpanse. Außerhalb des Käfigs lag eine Banane, sichtbar für das Tier, aber so weit entfernt, daß sie ohne Hilfsmittel nicht erreichbar war. Im Käfig befand sich außerdem noch irgendwo ein Stock. Der Schimpanse versuchte zunächst, die Banane zu erreichen, indem er durch die Gitterstäbe danach griff, aber vergeblich. Nach einer Reihe erfolgloser Versuche fiel irgendwann der Stock in das Wahrnehmungsfeld des Tieres. Es hielt in seinen Versuchen inne, plötzlich ergriff es den Stock und benutzte ihn als Werkzeug, sozusagen als verlängerten Arm, um die Banane näher heranzuziehen und dann zu ergreifen. In den folgenden Versuchen übersprang das Tier die Probierphase und benutzte gleich den Stock als Werkzeug. Nicht nur das, wenn er verborgen war, suchte es nach ihm, bis es ihn gefunden hatte, um dann damit die Banane heranzuholen.

Diese Änderung des Verhaltens kann nicht nach dem Prinzip von Thorndike oder dem von Skinner erklärt werden. Die Lösung des Problems wurde nicht zufällig gefunden, sie erfolgte auch nicht in der Weise, daß erfolglose Reaktionen allmählich seltener, erfolgreiche aber aufgrund der erfahrenen Bekräftigungen häufiger wurden. Es ergab sich keine bloße Verbindung von umschriebenen äußeren Reizgegebenheiten mit bestimmten Handlungsformen, gefestigt durch Wiederholung und Erfolg. Vielmehr wurden die Gegebenheiten der Umwelt untereinander und mit dem handelnden Subjekt so in Beziehung gebracht, daß ein Erreichen des Zieles möglich war, ein Vorgang, der sich als Einsicht bezeichnen läßt, bzw. als Strukturierung des Wahrnehmungsfeldes, oder – da ja schon vorher eine Strukturierung bestand, die in eine neue, zum Erfolg führende, umgewandelt wurde – als Umstrukturierung.

Strukturierung bzw. Umstrukturierung setzen ihrerseits jedoch die Überschaubarkeit der Situation voraus, zumindest der Teilgegebenheiten, die zur Lösung des Problems untereinander in Beziehung gebracht werden müssen. Zu dieser Überschaubarkeit gehört auch, daß diese wesentlichen Teilgegebenheiten der Situation aufgrund früherer Erfahrungen bekannt sind. So hatten die Versuchstiere Köhlers vorher bereits mit den Stöcken hantiert, also entsprechende Erfahrungen damit gesammelt, allerdings nicht bezogen auf das spezielle, in der Versuchssituation gestellte Problem.

Der Aspekt des Herstellens von Beziehungen bzw. die Strukturbildung geht auf die Gestaltpsychologie zurück, die, ursprünglich bei der Analyse von Wahrnehmungsvorgängen entwickelt, auch auf Denk- und Lernvorgänge, außerdem auf Handlungsweisen, soziale Beziehungen usw. erweitert wurde.

In den Anfängen der experimentellen Psychologie hatte zunächst – wohl unter dem Eindruck der Erfolge der Chemie – die Ansicht vorgeherrscht, auch die psychischen Vorgänge und Zustände würden sich aus Elementen summativ zusammensetzen (Wundt, 1907). Ein Dreieck etwa wird danach wahrgenommen, indem sein Abbild auf der Netzhaut des Auges die lichtempfindlichen Sinneszellen erregt. Die weitergeleiteten Einzelerregungen bzw. deren psychische Repräsentanten, die Empfindungen, werden Punkt für Punkt zu der Wahrnehmung »Dreieck« addiert.

Die Gegenposition bezog zunächst v. Ehrenfels (1890) anhand des Beispiels der Melodie, die, ob gesungen, gepfiffen oder auf einem Instrument gespielt, immer als die gleiche wiedererkannt wird, auch wenn sie transponiert, d. h. höher oder tiefer gespielt wurde und kein Ton mehr der gleiche geblieben ist. Wesentlich sind also nicht die einzelnen Elemente (Töne) und ihre Addition, sondern vielmehr die Relationen der aufeinanderfolgenden Töne zueinander, mit anderen Worten: die Struktur. Die Gestalt ist daher nach v. Ehrenfels »mehr als die Summe ihrer Teile«, oder vielleicht – um das wertende »mehr« zu vermeiden – »etwas anderes« als die Summe ihrer Teile.

Übersummativität und Transponierbarkeit sind die wesentlichen Eigenschaften der Gestalt. Dieses Prinzip wurde u. a. von der Berliner Schule der Gestaltpsychologie (Köhler, Koffka, Wertheimer, Lewin) zum Forschungsprogramm erhoben.

Tolmann (1932), seinerseits Behaviorist und erlebnispsychologischen Argumentationen, wie man sie der Gestaltpsychologie anlasten könnte, durchaus abgeneigt, konnte in Tierversuchen zeigen, daß Ratten, wenn sie in Labyrinthen gelernt hatten, Futter zu finden, nicht in erster Linie Ketten von summativ aneinandergereihten Einzelreaktionen gelernt hatten (z. B. erste Abzweigung nach rechts, nächste links, dann wieder links, dann geradeaus usw.), sondern quasi eine innere Landkarte (»cognitive map«) des Labyrinths erworben hatten, die ihnen eine Orientierung auch dann erlaubte, wenn der ursprünglich gelernte Weg plötzlich versperrt war. Sie gelangten in solchen Fällen eben auf Umwegen zum Ziel, offenbar aufgrund einer Übersicht über die gesamte räumliche Situation.

Das Wahrnehmungsfeld und die Verhaltensweisen bestehen demnach aus größeren strukturierten Einheiten, die ihrerseits untereinander in Beziehung stehen und im Lernprozeß umstrukturiert werden. Einsicht besteht im Erfassen von Beziehungen.

Beim Beobachten von menschlichem und tierischem Problemlösungsverhalten zeigt sich, daß Einsicht und Versuch und Irrtum einander keineswegs ausschließen. Vielmehr treten beide Prinzipien oft gleichzeitig in Erscheinung, und es wäre unangemessen, nur eines von ihnen zur Erklärung heranzuziehen. Auch die Versuchstiere Köhlers hatten zunächst eine Phase des Probierverhaltens durchlaufen, ehe sie ihr Problem per Einsicht lösten. Problemlösungsverhalten läuft vielmehr in der Weise ab, daß dann, wenn eine Übersicht zunächst nicht möglich ist, nach Versuch und Irrtum vorgegangen wird, oft aber schon im Rahmen einer vorläufigen Strukturierung der Situation. Meist besteht schon eine Hypothese, in welcher Richtung die Lösung zu suchen ist, und in dieser Richtung wird probiert. Führt dies nicht zum Erfolg, wird eine neue Richtung eingeschlagen, bis die Lösung gefunden ist. Beide Prozesse, Versuch und Irrtum sowie Einsicht, spielen also beim Problemlösungsverhalten zumindest höher organisierter Lebewesen gleichzeitig eine Rolle.

2.2.4 Lernen am Modell

Hie und da sind Wissenschaftler in den Gegenstand ihrer Forschung so verstrickt, daß sie über den von ihnen erarbeiteten Sichtweisen, Fragestellungen, Konzepten und Theorien unter Umständen Phänomene vernachlässigen oder einfach übersehen, die von ganz zentraler Bedeutung und dem unbefangenen Außenstehenden möglicherweise mehr oder weniger offensichtlich sind. Ein Beispiel dafür ist das nachahmende Lernen am Modell, das zwar verschiedentlich untersucht (z. B. Miller und Dollard, 1941), aber nicht konsequent weiterverfolgt wurde. Bandura, Walters und ihren Mitarbeitern kommt das Verdienst zu, diese Form des Lernens nicht nur aufgegriffen, sondern auch in einer umfassenden Serie von Untersuchungen intensiv erforscht zu haben (Bandura, 1962; Bandura und Walters, 1963).

Bandura und Walters weisen darauf hin, daß eine beachtliche Anzahl von Verhaltensweisen unmöglich innerhalb der zur Verfügung stehenden Zeit nur nach den Prinzipien der sonst bestehenden Lerntheorien erworben sein können, etwa nach Versuch und Irrtum, der schrittweisen Annäherung oder Einsicht, man denke nur an die Sprache. Ebenso wäre es zumindest äußerst zeitraubend und mühsam, wenn nicht gar unmöglich, einem Kind das Schreiben nach der Methode des operanten Konditionierens beizubringen. Zweckmäßigerweise geschieht dies nach der bewährten Methode: Der Lehrer macht es vor, die Kinder ahmen nach. Vor allem aber im Bereich des Sozialverhaltens, d. h. dem Verhalten gegenüber anderen Menschen, spielt das Nachahmen von Verhaltensweisen eine prominente Rolle.

Zwei Gesichtspunkte sind es, unter denen das Lernen am Modell zu sehen ist. Erstens verfügt jedes Individuum über ein Repertoire von Verhaltensweisen, teils ererbt, teils aufgrund voraufgehender Lernerfahrungen erworben. Eine Erweiterung dieses Repertoires kann nun so erfolgen, daß Verhaltensformen, die bei einem Modell (z. B. einer anderen Person) gesehen wurden, einfach übernommen werden. Ihre Anwendung kann nun zum Erfolg führen, wodurch sie entsprechend bekräftigt und beibehalten werden. Der erste Gesichtspunkt ist also die *Erweiterung des Verhaltensrepertoires durch Imitation*.

Der zweite Gesichtspunkt ergibt sich aus Experimenten, in denen Versuchspersonen sahen, welchen *Erfolg ein Modell* mit einer bestimmten Verhaltensweise hatte. Es zeigte sich, daß diese Beobachtung weitgehend den gleichen Effekt hatte, als wenn die Versuchspersonen selbst den entsprechenden Erfolg bzw. Mißerfolg erfahren hätten. Beim zweiten Gesichtspunkt handelt es sich um die *stellvertretende Bekräftigung* (vikariierende Verstärkung) durch das Modell.

Es wird also zunächst durch das Beobachten der Verhaltensweisen eines Modells die Verhaltensdisposition des Lernenden erweitert. Die Konsequenzen, die der Lernende mit diesem Verhalten erfährt oder die er beim Modell beobachtet, sind dann entscheidend dafür, inwiefern er dieses Verhalten auch tatsächlich zeigen wird. Bezeichnend ist folgendes Experiment:

Kinder sahen in einem Film ein Modell, das eine Reihe für sie neuartiger Formen aggressiven Verhaltens äußerte. Für die eine Kindergruppe wurde das Modell im Film anschließend belohnt, für eine zweite hart bestraft, während es für eine dritte Gruppe keinerlei Konsequenzen seines Verhaltens erfuhr. In einer nachfolgenden Überprüfungsphase wurden nun die Kinder beobachtet, wobei sich zeigte, daß diejenigen Kinder, die ein belohntes Modell gesehen hatten, dessen Verhalten in starkem Maße nachahmten. Das gleiche galt auch für die Kinder, deren Modell keinerlei Konsequenzen seines Verhaltens erfahren hatte. Hingegen äußerten Kinder, deren Modell bestraft worden war, dessen aggressives Verhalten nur äußerst selten. In einer weiteren Versuchsphase wurden nun allen Kindern positive Anreize gegeben, das Modellverhalten zu zeigen, mit dem Effekt, daß die vorher beobachteten Unterschiede zwischen den Gruppen verschwanden, alle zeigten intensiv nachahmendes Verhalten, auch die Kinder, die vorher ein bestraftes Modell gesehen und nicht imitiert hatten. Sie hatten dessen Verhalten aber offensichtlich doch in ihr Verhalten aufgenommen (denn sie mußten es ja nicht erneut lernen, ein positiver Anreiz genügte), allerdings zunächst latent.

Bandura und Walters nennen drei mögliche Effekte des Lernens am Modell:

1. Der Lernende erfährt für ihn neue Verhaltensweisen, er erweitert sein eigenes potentielles Repertoire.
2. Bereits im Verhaltensrepertoire vorhandene Verhaltensformen können durch die Beobachtung eines Modells bekräftigt oder gehemmt werden, je nach den Folgen, die das Modell erfährt.
3. Bereits früher erworbene, aber in der letzen Zeit nicht aktualisierte Verhaltensformen können im Sinne einer Reaktivierung wieder neu hervorgerufen werden.

Zwischen 2. und 3. kann unterschieden werden, wenn die bisherige Lerngeschichte einer Person bekannt ist.

Modelle werden auf unterschiedlichem Wege übermittelt. Einmal natürlich durch direktes Beobachten, außerdem aber auch symbolisch durch sprachliche Vermittlung, entweder mündlich oder schriftlich, außerdem im Bild oder in der Kombination von Wort und Bild (z. B. Film und Fernsehen). Experimente ergaben, daß der Modelleffekt von Personen, die im Film gezeigt werden, ebenso groß ist, wie wenn sie tatsächlich in Wirklichkeit vorhanden wären. Demgegenüber fällt die rein sprachliche Übermittlung in ihrer Wirksamkeit deutlich ab.

Ob nun in einer bestimmten Situation Imitationslernen stattfindet oder nicht, hängt von einer Reihe von Bedingungen ab, die teils den Lernenden, teils das Modell betreffen.

Auf seiten des Lernenden neigen besonders solche Personen zum Imitationslernen, die unsicher sind und eine geringe Selbsteinschätzung haben, die sich als hilfs- und schutzbedürftig fühlen und auch erweisen. Weiterhin wird das Modellernen gefördert, wenn eine persönliche Bindung zum Modell besteht, besonders dann, wenn sie emotional positiv gefärbt ist. Ebenso wirkt sich eine erlebte Ähnlichkeit mit dem Modell, die auf verschiedenen Merkmalen beruhen kann (z. B. gleiches Geschlecht, Alter, Herkunft usw.) fördernd aus. Schließlich erwies sich in diesem Zusammenhang als wesentlich, inwieweit eine Person speziell in ihrer Neigung zum Nachahmungslernen bekräftigt wurde. Wer durch imitierendes Verhalten häufig Erfolgserlebnisse hatte, wird entsprechend zur Nachahmung neigen. Er hat sozusagen eine bestimmte Lernform gelernt.

Ein Modell wird nach den Ergebnissen von Bandura und Walters um so wirksamer sein, je größer sein Prestige ist, vermutlich deshalb, weil Prestige gekoppelt ist mit einem bevorzugten Zugang zu den Quellen der Belohnung und damit zu den Mitteln der Bedürfnisbefriedigung. Nachahmung eines Modells mit hohem Prestige vergrößert die Aussicht, selbst die Möglichkeiten des Modells zu erwerben. Schließlich werden Personen bevorzugt als Modell gewählt, die dem Lernenden positive Erlebnisse vermittelt haben und ihrerseits in der Lage sind, Bedürfnisse zu befriedigen, d. h. Belohnungen zu erteilen.

Hinsichtlich der Lernsituation hat sich erwiesen, daß im Zustand größerer emotionaler Erregtheit des Lernenden sich das Ausmaß des Nachahmungslernens steigert, besonders dann, wenn ihm selbst die Ursachen dieser Erregung mehr oder weniger unklar sind. Nach Bandura und Walters ist mit emotionaler Erregung

eine allgemein erhöhte Neigung zum Verhaltenswechsel verbunden, der durch das Modell dann nur noch hinsichtlich Inhalt und Richtung näher gelenkt und festgelegt wird.
Die Verwendung realer und symbolischer Modelle stellt eine traditionelle und weit verbreitete Erziehungstechnik dar. Märchen, Fabeln und Kindergeschichten vermitteln sowohl Techniken der Erfassung und Auseinandersetzung mit der Umwelt, als auch soziale Normen, Rollenverhalten usw. Ein Lehrer, der einen Schüler vor der Klasse lobt oder bestraft, tut dies nicht nur, um das weitere Verhalten dieses einen Schülers zu beeinflussen, sondern auch, um die übrigen Mitschüler mit einem entsprechenden Beispiel zu versehen. Allerdings spielt bei der Modellwirkung hier die mehr oder weniger große erlebte Ähnlichkeit mit dem Modell eine Rolle, wenn sich z. B. das dem unbeliebten Primus gespendete Lob für die übrigen Schüler als wenig wirksam erweist. Ein positiver Effekt läßt sich vor allem dann erwarten, wenn die Klasse den Gelobten als »einen der ihren« erlebt.
Das Konzept des Lernens am Modell dürfte geeignet sein, das Problem der Identifikation präziser zu formulieren und damit auch in der Forschung besser greifbar zu machen.
Ursprünglich wurde der Begriff der Identifikation in der von S. Freud begründeten Psychoanalyse entwickelt, später von anderen Autoren aufgegriffen und fortgeführt (z. B. Mowrer, 1950; Sears et al., 1957, 1965). Ganz allgemein besteht sie nach dem psychoanalytischen Konzept in dem Wunsch, wie eine bestimmte Person zu sein, an ihre Stelle zu treten, mit ihr gleich zu sein. Dieser Wunsch führt zur Nachahmung dieser Person, wobei nicht nur äußere Verhaltensweisen übernommen werden, sondern ebenso Haltungen, Einstellungen, Normen, Überzeugungen usw. Die Gründe für diesen Wunsch können recht unterschiedlich sein. Im sogenannten »Ödipus-Komplex« begehrt das Kind – nach Annahme der Psychoanalyse – den gegengeschlechtlichen Elternteil als Sexualobjekt, wird aber vom gleichgeschlechtlichen Elternteil daran gehindert und sieht sich dessen Bedrohung ausgesetzt. Es entgeht ihr, indem es sich mit dem gleichgeschlechtlichen Elternteil identifiziert. Ödipus-Komplex und daran anschließende Identifikation mit der dadurch erfolgenden Übernahme von Einstellungen und Wertvorstellungen werden als Grundlage der Gewissensbildung angesehen. Eine andere Form der Identifikation findet sich beim kleinen, sich in der »Dualunion« mit der Mutter befindenden Kind, als primäres Sich-eins-Fühlen mit dem Partner, das ebenfalls zur Nachahmung von Verhaltensweisen führt.

Wesentlich distanzierter ist der Identifikationsbegriff dann bei Secord und Backman (1964), die darunter lediglich die bevorzugte Wahl eines Modells gegenüber einem anderen verstehen. Im Gegensatz zur psychoanalytischen Auffassung, die in der Identifikation einen Vorgang elementarer Affektdynamik sieht, handelt es sich hierbei lediglich um eine operationale, von der reinen Verhaltensbeobachtung her ausgehende Definition.

Die Tatsache jedoch, daß eine Verhaltensform um so rascher und nachhaltiger erlernt wird, je enger sie mit der Befriedigung eines Bedürfnisses verbunden ist, ist im Zusammenhang damit zu sehen, daß psychische Vorgänge, die beim Menschen als »emotional« bezeichnet werden, in engem Zusammenhang mit Bedürfnissen stehen. Offenbar ist es also für den Lerneffekt förderlich, wenn der Lernende von den Vorgängen auch subjektiv und in zentraler Weise »betroffen« ist, d. h. emotional reagiert. Der Nachweis der vikariierenden Bekräftigung (stellvertretenden Verstärkung) im Zusammenhang mit dem Lernen am Modell kann nun zu der Annahme führen, daß durch die Wahrnehmung der Verhaltensformen eines Modells und seiner Widerfahrnisse im Lernenden ähnliche innere Vorgänge ausgelöst werden, wie wenn er sich selbst in der betreffenden Situation des Modells befände. Erlebnispsychologisch gesprochen: Die stellvertretende Bekräftigung beruht auf der intensiven inneren Anteilnahme des Lernenden am Modell, darauf, daß er sich an dessen Stelle versetzt sieht. Ein solcher Vorgang entspräche jedoch wiederum mehr der emotional-elementaren Definition der Identifikation.

Identifikation ist damit aber immer noch lediglich ein Konstrukt, nicht direkt beobachtbar, und damit des Beweises seiner Existenz bedürftig. Immerhin legen die Ergebnisse eines Experiments von Welch und Welch (1968) nahe, daß beim anderen wahrgenommene Verhaltensweisen beim Wahrnehmenden selbst ähnliche Vorgänge auslösen, wie wenn er selbst betroffen wäre. Diese Untersuchung ging von der Beobachtung aus, daß aggressive Verhaltensweisen bei Mäusen zu physiologischen Veränderungen führen (Verminderung von Noradrenalin im Stammhirn). Eine Reihe von Mäusen wurde aufgezogen, ohne mit Artgenossen in Berührung oder sonstwie in Kontakt zu kommen. Nach zehn Wochen beobachtete eine Gruppe solcher Tiere von einem Käfig aus 75 Minuten lang aggressive Kämpfe von Artgenossen. Anschließend zeigten sich bei den kämpfenden wie bei den »nur« beobachtenden Tieren die gleichen physiologischen Veränderungen, die bei einer Kontrollgruppe nicht aufgetreten waren.

Vermutlich liegen ähnliche Vorgänge, die als Identifikation be-

zeichnet werden könnten, der vikariierenden Bekräftigung zugrunde. Bedingungen, die eine bevorzugte Wahl eines Modells eintreten lassen, könnten dann als identifikationsfördernde Bedingungen angesehen werden. Allerdings hätte der Identifikationsbegriff auch dann zweierlei Aspekte:
1. Die situative Identifikation im Sinne des »Miterlebens« mit einem Modell in einer bestimmten Situation.
2. Die personbezogene Identifikation im Sinne einer zeitlich überdauernden Bereitschaft, eine bestimmte Person als Modell zu wählen.

2.2.5 Behalten und Vergessen von Lernstoff

Bei den bisher geschilderten Experimenten und Forschungsansätzen zum Problem des Lernens fehlte die Form, die im Mittelpunkt des vorwissenschaftlichen Lernbegriffs steht, das Erlernen und Behalten von bestimmten Inhalten, wie es u. a. vorzugsweise im Zusammenhang mit der Schule geschieht. (Näheres vgl. bei Hörmann, 1964.) Hierzu gehört etwa das Erlernen von Fremdsprachen, bestimmten Sachverhalten und Ereignissen (Erdkunde, Geschichte) oder von Texten (z. B. Gedichte).

Der systematischen Untersuchung derartiger Lernvorgänge stellen sich insofern Hindernisse in den Weg, als die dabei ablaufenden Prozesse und die ihnen zugrunde liegenden Bedingungen recht komplexer Natur sind, außerdem variieren sie deutlich von Person zu Person.

So hängt der Arbeitsaufwand, der zum Erlernen eines Gedichtes erforderlich ist, in starkem Maße davon ab, inwieweit der Lernende es seinem Inhalt nach überhaupt verstanden hat, was wiederum mit seinem Alter (= Entwicklungsstand), seiner sprachlichen Gewandtheit usw. zusammenhängt. Eine Serie von zehn Wörtern ist unterschiedlich leicht zu lernen, je nachdem, ob sie vorwiegend geläufige oder fremde Wörter enthält und ob diese Wörter untereinander in einem sinnvollen Zusammenhang stehen oder nicht. Gerade die Geläufigkeit und die Sinnhaftigkeit ist jedoch bei verschiedenen Texten und unterschiedlichen Personen kaum zu kontrollieren. Wenn die Telefonnummer 60273 behalten werden soll, so ist es z. B. möglich, daß einer der Lernenden bemerkt, daß sie sich zusammensetzt aus 60 und 273, zwei Zahlen, die in der Physik eine Rolle spielen (60 als Anzahl der Sekunden pro Minute bzw. Minuten pro Stunde, —273 als der absolute Nullpunkt bei der Temperaturmessung). Er wird sie daher schneller lernen und besser behalten als je-

mand, der eine derartige Beziehung nicht herstellt und es lediglich mit fünf Ziffern in einer bestimmten Reihenfolge zu tun hat.
Ebbinghaus umging diese Schwierigkeit, indem er sinnlose Silben bildete (z. B. jit, lom, rov, wop usw.) und diese als Lernmaterial verwendete. Damit hatten alle Versuchspersonen gleiche Chancen.
Um die Gedächtnisleistung zu erfassen, sind unterschiedliche Versuchsanordnungen von Ebbinghaus entwickelt worden. Bei der sogenannten »Reproduktionsmethode« lernt die Versuchsperson eine Serie von z. B. 15 derartigen Silben so lange, bis sie sie fehlerfrei reproduzieren kann. Die Anzahl der dafür notwendigen Wiederholungen ist ein Maß für die Lernleistung.
Bei der »Methode der behaltenen Glieder« werden die Silben mit einer vorher bestimmten Anzahl von Wiederholungen dargeboten. Ein Maß für den Lernerfolg ist dann die Anzahl der Glieder, die reproduziert werden können. So werden nach einmaligem Lesen der Silbe einige von ihnen haften geblieben sein, ihre Zahl nimmt bei mehrmaligem Wiederholen zu. Ist ein Stoff bis zur perfekten Reproduzierbarkeit gelernt, so tritt – wenn keine weiteren Wiederholungen erfolgen – Vergessen ein. Auch hier ist die Zahl der zu einem bestimmten Zeitpunkt noch behaltenen Glieder ein Anhaltspunkt für das Vergessen bzw. die Güte der voraufgegangenen Lernleistung.
Wurde ein Lernstoff perfekt gelernt, nach einer Zeit aber völlig vergessen in dem Sinne, daß von ihm nichts mehr reproduziert werden kann, so läßt sich dennoch ein Gedächtniseffekt nachweisen, denn um ihn wieder zu erlernen, sind nunmehr weniger Wiederholungen nötig als beim erstenmal. Das Ausmaß der Ersparnis an Wiederholungen gegenüber dem vorhergehenden Lernen ist ein Maß für die Stärke der vorhandenen Gedächtnisspur. Dementsprechend wurde diese Methode als »Ersparnis-Methode« bezeichnet.
Eine weitere Methode ist schließlich die des Wiedererkennens. Bei nicht mehr verfügbarem Gedächtnismaterial kann ein Lerneffekt nachgewiesen werden, sofern vorher Gelerntes richtig wiedererkannt werden kann.
Mittels dieser Methoden gelang es, eine ganze Reihe von Gesetzmäßigkeiten des Lernens und Vergessens zu ermitteln. Eines der markantesten Ergebnisse war, daß ein Lernstoff, der bis zur völligen Beherrschung gelernt wird (bis er fehlerfrei reproduziert werden kann), durch weitere Wiederholungen kaum »besser« gelernt wird, d. h. er unterliegt fast der gleichen Vergessens-

wirkung, als wenn er nach dem ersten perfekten Reproduzieren nicht weiter wiederholt worden wäre.

Hinsichtlich der Beziehung zwischen Stoffmenge und benötigter Lernzeit weiß jeder, daß der notwendige Zeitaufwand mit zunehmender Stoffmenge wächst. Ebbinghaus konnte jedoch zeigen, daß – ab einer bestimmten Menge, die beim einmaligen Durchlesen behalten wird – der Aufwand sogar stärker zunimmt als die Stoffmenge, d. h. bei einer Verdoppelung der Anzahl sinnloser Silben waren bis zum Erlernen mehr als doppelt so viele Wiederholungen notwendig.

Weiterhin stellte Ebbinghaus fest, daß unterschiedliche Lernleistungen entstehen, je nachdem, ob die Lernarbeit auf einen Zeitpunkt massiert oder auf mehrere Gelegenheiten verteilt wird. Beispielsweise wurden für das Erlernen einer Reihe von 12 Silben 68 Wiederholungen benötigt. Nach 24 Stunden bedurfte es 7 Wiederholungen, um die Serie wieder zu erlernen. Durch Verteilen der Lernarbeit auf drei aufeinanderfolgende Tage waren aber nur 38 Wiederholungen zum Erlernen notwendig. Nach 24 Stunden genügten nur 5 Wiederholungen, um das Gelernte wieder aufzufrischen.

Wie es die Erfahrung lehrt, ist das Vergessen von der seit dem Lernen verstrichenen Zeit abhängig. Ebbinghaus konnte zeigen, daß die Abhängigkeit des Vergessens von der Zeit nicht linear ist, d. h. in gleichen Zeitabständen wird nicht gleichviel vergessen. Vielmehr verläuft der Prozeß des Vergessens in der ersten Zeit relativ rasch, wird dann jedoch immer langsamer, bis schließlich kaum mehr etwas vergessen wird. Was nach einer gewissen Zeit im Gedächtnis haften geblieben ist, bleibt im wesentlichen auch erhalten.

Der genaue Verlauf der Vergessenskurve hängt jedoch, obwohl er in seiner Grundform erhalten bleibt, von einer Reihe zusätzlicher Bedingungen ab. Wie aus dem oben Gesagten hervorgeht, ist er flacher, wenn das Lernen nicht massiert, sondern verteilt erfolgte. Ebenfalls flacher ist der Verlauf, wenn nicht sinnloses, sondern sinnvolles Material gelernt wurde. Neben dieser Abhängigkeit vom Material ergibt sich eine weitere bezüglich der verwendeten Meßmethode. Bei der Methode des Wiedererkennens erfolgt das Vergessen langsamer als bei der Reproduktionsmethode (Fischer, 1909).

Weiterhin ist das Vergessen abhängig von dem, was vor und nach dem Lernen geschah. Folgen nach dem Lernen acht Stunden Schlaf, so wird wesentlich mehr behalten, als wenn es sich um acht Stunden normalen Wachseins handelt. Im letzteren Falle ist wiederum wesentlich, was in dieser Zeit getan wird. Der Umgang mit einem dem gelernten ähnlichen Material beschleunigt das Vergessen zusätzlich (bei einer Ähnlichkeit, die so groß ist, daß sie praktisch als Wiederholung wirkt, ist das natürlich nicht mehr der Fall). Es ist also für das Behalten z. B. nicht förderlich, nach dem Erlernen englischer Vokabeln gleich anschließend französische Vokabeln zu lernen. Zweckmäßiger wäre es, eine andere Tätigkeit dazwischenzuschieben.

Ein zu dieser »retroaktiven Hemmung« analoger, wenn auch nicht so deutlicher Effekt läßt sich hinsichtlich dessen feststellen, was vor dem Lernen getan wurde (»proaktive Hemmung«). Je größer auch hier die Ähnlichkeit zum Lernstoff ist, um so schlechter ist das Behalten.

2.3 Lernen als komplexes Phänomen

So unterschiedlich die geschilderten Ansätze der Lernforschung auch sein mögen, so ist allen gemeinsam, daß ein Organismus unter dem primären Einfluß von Umweltgegebenheiten zu neuen Verhaltensweisen kommt, die mehr oder weniger überdauernder Natur sind. Sie differieren allerdings bezüglich der Aspekte des Verhaltens bzw. der Konstrukte, die im Vordergrund der Untersuchung stehen, der Betonung bestimmter Umstände, unter denen diese neuen Verhaltensweisen geäußert und beibehalten werden sowie hinsichtlich der Vorstellungen darüber, wie es zu neuen Verhaltensweisen kommt. Was zunächst als einheitlicher Vorgang erschien, ist allein durch die wenigen hier geschilderten Ansätze zu einem vielgestaltigen Phänomen geworden, bei dem sich die Frage nach seiner Einheitlichkeit wohl zu Recht stellen läßt. Des Überblicks halber seien gemeinsame und unterschiedliche Aspekte der besprochenen Lernformen nochmals zusammengestellt.

Das klassische Konditionieren betrifft in erster Linie das Sich-Einstellen auf bevorstehende Umweltereignisse. Für den Säugling ist es mit angenehmen, befriedigenden Erlebnissen verbunden, wenn er trockengelegt, im warmen Wasser gebadet und gefüttert wird. Diese unmittelbaren Reaktionen des Behagens werden mit dem Bild der Pflegeperson, in der Regel der Mutter, verknüpft, die regelmäßig im Zusammenhang mit ihnen erscheint. Ist diese Verknüpfung erst einmal geschaffen, so reagiert der Säugling bereits auf das Erscheinen der Mutter positiv. Wenn er vor Hunger schrie, so beruhigt er sich, sobald sie kommt und ihn aufnimmt. Das Erscheinen der Mutter und das Aufgenommenwerden haben eine Signalfunktion erhalten, die unmittelbar bevorstehende (angenehme) Befriedigung der Bedürfnisse wird angezeigt, der Säugling stellt sich darauf ein.

Analog verhält es sich mit Angstreaktionen. Ein Kind, von einem bellenden Hund angesprungen, wird unmittelbar in Angst versetzt. Ein solches Erlebnis, besonders wenn es wiederholt eintritt, verbindet sich mit der Wahrnehmung »Hund«. Es genügt dann, wenn dieses Kind einen Hund auch nur von ferne sieht, selbst wenn er friedlich umherläuft, es in Angst zu versetzen. »Hund« ist zum Signal für ein zu erwartendes erschreckendes Erlebnis geworden.

Anders beim instrumentellen Konditionieren. Hier handelt es sich um den Erwerb erfolgreicher Verhaltensweisen, um ein erstrebtes Ziel zu erreichen bzw. aus einer bedrohlichen Lage zu entkommen. Stand beim klassischen Konditionieren die Reaktion meist ganzheitlich-emotionaler Art auf ein Ereignis im Vordergrund, so befaßt sich die Theorie des instrumentellen Konditionierens mit den von einem Organismus erworbenen zweckmäßigen Verhaltensweisen, um ein Ereignis herbeizuführen oder zu vermeiden. Die Skinnersche Taube dreht sich um sich selbst, *um* anschließend Futter zu erhalten, nicht *weil* sie Futter erhalten *hat*. Mit anderen Worten: Beim klassischen Konditionieren steht der kausale Aspekt des Verhaltens im Vordergrund, beim instrumentellen Konditionieren tritt der finale Aspekt betont hinzu.

Instrumentelles und klassisches Konditionieren schließen einander natürlich in keiner Weise aus, vielmehr können beide Aspekte in ein und demselben Lernvorgang enthalten sein. In einem Versuch von Miller (1948) wurden Ratten in einen geteilten Käfig gesetzt, dessen eine Hälfte weiß, die andere schwarz gestrichen war. Im weißen Teil des Käfigs wurden sie nun schmerzhaften elektrischen Schlägen ausgesetzt, denen sie durch Flucht in den dunklen Käfigteil entgehen konnten. In späteren Phasen des Versuchs wurde die Verbindung zwischen den Käfigteilen mit einer Tür verschlossen, die durch Drehen an einem Rad geöffnet werden konnte. Noch später konnte der Öffnungsmechanismus durch einen Hebeldruck betätigt werden. Es zeigte sich, daß die Versuchstiere sich im weißen Käfigteil ängstlich verhielten und fliehen wollten, auch wenn kein Stromstoß mehr gegeben wurde. Sie lernten es sogar, den jeweiligen Türöffnungsmechanismus zu betätigen, ohne weitere Schocks erlitten zu haben.

Ganz eindeutig wurde hierbei die Verknüpfung zweier Umweltreize (weißer Käfig und Stromstoß) nach dem Muster der klassischen Konditionierung hergestellt. Der weiße Käfig wurde zum Signal für den zu erwartenden Schmerz. Nach dem Muster des instrumentellen Konditionierens hingegen wurde ein zweckmäßiges Verhalten erworben, um der unangenehmen Situation zu entgehen.
Wiederum anders ist die Sichtweise beim Lernen durch Einsicht. Richtete sich das Augenmerk bei den beiden Konditionierungsformen auf beobachtbare Umweltbedingungen (Reize) und Verhaltensweisen (Reaktionen), die miteinander verbunden werden, so stehen nunmehr bestimmte Gesichtspunkte des Verknüpfungsvorganges selbst im Vordergrund, der als Strukturierung, d. h. Herstellen von Beziehungen verstanden wird. Wir haben es hier mit keinem direkt beobachtbaren Sachverhalt zu tun, vielmehr mit Konstrukten, denn beobachten lassen sich lediglich Verhaltensweisen, die den Schluß gestatten, hier habe etwas stattgefunden, das als innerer Vorgang aufgefaßt und als Einsicht bezeichnet werden kann. Allerdings, eine präzise Definition von Einsicht konnte bislang nicht gefunden werden.
Im Überblick gesehen handelt es sich beim Lernen auf der einen Seite um kognitive Vorgänge, um die Herausbildung einer Orientierung in der Umwelt, ihrem Aufbau, dem Ablauf von Ereignissen, ihre Bedeutung für das Subjekt und seine Bedürfnisse. Auf der anderen Seite werden mehr oder weniger zweckmäßige Verhaltensweisen entwickelt, die eine erfolgreiche Auseinandersetzung mit der Umwelt gewährleisten.

2.3.1 Varianten der Bekräftigung

Weitere Unterschiede ergeben sich hinsichtlich der besonderen Umstände, unter denen neue Verhaltensweisen geäußert und beibehalten werden.
Alle Lerntheorien betonen zwar im Prinzip die Bedeutung der Wiederholung. Sie ist notwendig, um den bedingten Reflex beim klassischen Konditionieren herzustellen und aufrechtzuerhalten, beim instrumentellen Konditionieren ist sie im Übungsgesetz berücksichtigt, ebenso geht sie als wesentliche Bedingung bei den Untersuchungen zum Gedächtnis nach dem Ansatz von Ebbinghaus mit ein. Eine etwas geringere Rolle spielt sie aber beim Lernen durch Einsicht. Zwar wird auch hier die Bedeutung der Übung für die endgültige Befestigung eines neu erworbenen Verhaltens nicht verkannt. Gerade die Einsicht in eine beste-

hende Beziehung ist jedoch ein im wesentlichen einmaliger Vorgang, geeignet, die Anzahl der notwendigen Wiederholungen drastisch zu senken.

Lernvorgänge unterscheiden sich hinsichtlich der Bedingungen, unter denen sie bekräftigt werden. Grundsätzlich werden positive und negative Verstärker unterschieden (Skinner, 1953). Ein positiver Verstärker ist eine situative Bedingung, auf die hin ein Verhalten häufiger auftritt (z. B. Verabreichung von Futter an ein hungriges Tier, wenn es eine bestimmte Reaktion ausgeführt hat), ein negativer Verstärker hingegen eine situative Bedingung, deren Entfernung bzw. Beendigung die Wahrscheinlichkeit des Auftretens eines Verhaltens erhöht, z. B. extreme Kälte, schmerzhafter elektrischer Schlag).

Wirkt beim klassischen Konditionieren bereits eine bloße Wiederholung des gemeinsamen Auftretens von bedingtem und unbedingtem Reiz als positiver Verstärker, so ist laut dem Effektgesetz beim instrumentellen Konditionieren die Art der Folgen eines Verhaltens dafür entscheidend, ob es in Zukunft mit anderer Häufigkeit auftritt. Positive Verstärker sind hier an die Reduktion eines Bedürfnisses gebunden.

Im Experiment wie auch im täglichen Leben werden positive Verstärker im Gewähren von Belohnungen verwirklicht, bei Kindern z. B. als Süßigkeiten, liebevolle und aufmerksame Zuwendung, Lob, Anerkennung usw. Bestrafungen, im Tierexperiment durch ausbleibende Bedürfnisbefriedigung oder Strafreize repräsentiert, bestehen im menschlichen Leben häufig aus dem Entziehen oder Vorenthalten von Süßigkeiten, Taschengeld, elterliche Liebe, oder aber aus dem Verabreichen »aversiver Stimuli«, d. h. Reizen, die Vermeidungsreaktionen auslösen (z. B. körperliche Bestrafung).

Solcherart unterschiedliche Verstärker unterscheiden sich untereinander nicht nur hinsichtlich der Wirkung, die sie auf die *Häufigkeit* des Auftretens von Verhaltensweisen ausüben, sondern auch in bezug auf die *qualitative* Verhaltensformung. Positive Verstärker bzw. Belohnungen bedingen im allgemeinen eine eindeutige Bekräftigung des voraufgegangenen Verhaltens. Damit ist es relativ einfach, ein bestimmtes Verhalten durch Belohnungen zu formen und zu festigen. Wesentlich unberechenbarer und von verschiedensten Nebenumständen abhängig ist die Wirkung von Bestrafungen. Sie bedingen zwar eine Unterdrückung der bestraften Aktivität, sind aber deshalb allein noch nicht geeignet, eine bestimmte andere Aktivität zu fördern.

Nach Mowrer (1960) sind zwei prinzipielle Reaktionsformen

auf eine Bestrafung möglich: 1. Vermeiden der Situation, in der die Strafe erlitten wurde, 2. Unterdrücken der bestraften Reaktion. Der ersten Form entspricht es z. B., wenn Bandura und Walters (1963, S. 129 f.) zu dem Ergebnis kommen, daß die Bestrafung aggressiven Verhaltens durch eine Autoritätsperson zwar offensichtlich direkte Aggressionen in Gegenwart des Bestrafenden hemmt, jedoch nach wie vor mit stark aggressivem Verhalten in dessen Abwesenheit und gegenüber anderen Objekten verbunden ist.

Bestrafung zeigt, was nicht getan werden soll, oder welche Situation zu meiden ist, bietet aber keine Alternativen an, zudem ist sie häufig mit der Wirkung verbunden, Aktivität überhaupt zu hemmen (vgl. Hermann et al., 1968).

Verstärker – positive wie negative – können im Experiment nach einem bestimmten Plan verabfolgt werden. So kann beispielsweise jede Reaktion einer bestimmten Art verstärkt werden (kontinuierliche Verstärkung), etwa wenn ein Versuchstier jedesmal, wenn es einen Hebel drückt, Futter bekommt, oder einen elektrischen Schlag erfährt, sobald es in eine bestimmte Käfigecke geht. Andere Verstärkungspläne können aber auch so beschaffen sein, daß nicht jede Reaktion, sondern nur einige bekräftigt werden (intermittierende Verstärkung). Dies kann erreicht werden, indem jeweils nach einer bestimmten Anzahl (2, 3, 5, 10 u. dgl.) von Reaktionen einer bestimmten Art eine Verstärkung erfolgt (Quotenverstärkung), oder indem immer nach Ablauf einer bestimmten Zeit (z. B. alle 5, 20, 60 sec. [sec. = secundum] usw.) die nächste entsprechende Reaktion bekräftigt wird (Intervallverstärkung). Schließlich besteht auch die Möglichkeit, den Abstand zwischen zwei Verstärkungen nach dem Zufall beliebig zu variieren (variable Verstärkung).

Hierbei handelt es sich nicht nur um Spielereien und experimentelle Kunstgriffe, sondern – vor allem im Falle der kontinuierlichen und bei der variablen Verstärkung – durchaus um Abbildungen des realen Lebens. So werden sich Eltern, die ihr Kind unbedingt zu einem bestimmten Verhalten bringen wollen oder denen an einer möglichst wirksamen Unterdrückung eines Verhaltens gelegen ist, bemühen, »konsequent« zu sein, d. h. sie werden auf jedes Verhalten entsprechend reagieren. Mit anderen Worten: Sie wenden die kontinuierliche Verstärkung an. Ebenso hat die intermittierende, hier besonders die variable Verstärkung ihre konkret-praktische Entsprechungen. So kann beispielsweise ein Lehrer nicht jede sozial positive Reaktion oder jede Leistung eines Schülers durch Lob oder Anerkennung bekräftigen. Er ist in der Regel genötigt, zur intermittierenden Verstärkung zu greifen, wird aber gut daran tun, seine Aufmerksamkeit auf alle Schüler möglichst gleichzeitig zu verteilen, denn wenn einer oder mehrere von ihnen überhaupt keine Bekräftigung erhalten, werden sie das entsprechende Verhalten immer seltener und dann eventuell gar nicht mehr zeigen – es sei denn, sie werden auf anderem Wege bekräftigt, etwa durch Eltern, Mitschüler oder durch sich selbst, wenn sie eine eigene Motivation aufgebaut haben und die erlebte Zufriedenheit mit sich selbst bekräftigend wirkt.

In Experimenten hat sich gezeigt, daß die kontinuierliche Verstärkung besonders gut geeignet ist, ein Verhalten rasch auf- bzw. abzubauen. Mit ihrem Ausbleiben verschwindet ihre Wirkung jedoch ebenso rasch wieder, sie erweist sich als wenig stabilisierend. Im Gegensatz dazu ist bei intermittierender Verstärkung, je seltener sie erfolgt, die Verhaltensbeeinflussung zunehmend langsamer, allerdings auch wesentlich stabiler. Man könnte sich dies so vorstellen, daß der Lernende quasi nebenbei zusätzlich gelernt hat, eine Verstärkung zu erwarten und zwar auch mit einer bestimmten Wahrscheinlichkeit ihres Auftretens. Erfolgte vorher eine kontinuierliche Verstärkung, so »merkt« er recht schnell, daß wohl keine Verstärker mehr zu erwarten sind. Bei intermittierender Verstärkung dauert dies entsprechend länger, am längsten bei der variablen Verstärkung, denn es könnte ja »vielleicht doch noch« eine Verstärkung erfolgen, wenn sie vorher unregelmäßig auftrat. Experimente haben gezeigt, daß ein Organismus sehr wohl in der Lage ist, die Wahrscheinlichkeit des Auftretens von Ereignissen zu erfassen und entsprechende Erwartungen aufzubauen (vgl. Estes, 1964).

Dementsprechend läßt sich ein Verhalten schnell aufbauen und gleichzeitig optimal dauerhaft machen, wenn zunächst regelmäßig kontinuierlich verstärkt wird, dann zunehmend intermittierend und unregelmäßig.

Schließlich stellt sich noch die Frage, ob nicht Lernen auch dann erfolgt, wenn keine Bekräftigung durch Belohnung oder Bestrafung erfahren wird. Die Ergebnisse eines Experiments von Blodgett (1929) geben Anlaß, dies zu bejahen. In seinem Versuch durchlief eine Gruppe Ratten ein Labyrinth mit der üblichen Versuchsanordnung, indem sie am Ziel Futter vorfanden. Neben dieser Kontrollgruppe hatten andere Tiere die Gelegenheit, durch das Labyrinth zu spazieren, ohne allerdings am Ziel oder sonst irgendwo Futter vorzufinden. Sie wurden also nicht verstärkt. Bei den einzelnen Durchgängen machten sie gleich viele Fehler wie die Kontrolltiere bei deren erstem Durchgang, sie zeigten also keinen Übungsfortschritt. Als ihnen dann aber nach einigen Tagen plötzlich am Ziel Futter angeboten wurde, lernten sie wesentlich schneller als die Kontrolltiere den Weg durch das Labyrinth. Offensichtlich hatten sie in der ersten Phase des Versuchs doch im Sinne von Tolmann (vgl. S. 34) einen Orientierungsplan (cognitive map) des Labyrinths erworben, den sie aktivierten, sobald die entsprechende Motivation hinzutrat. In ähnliche Richtung deutete das auf S. 36 berichtete Experiment von Bandura und Walters, bei dem die Kinder, die ein bestraftes Modell gesehen hatten, zunächst dessen aggressives Verhalten selbst so gut wie nicht zeigten, bei positivem Anreiz jedoch sogleich ebenso aggressiv reagierten wie diejenigen Kinder, die ein belohntes Modell gesehen hatten.

2.3.2 Organisation des Verhaltens

Nachdem sich bei den verschiedenen Lernforschern unterschiedliche Betonungen der Bedingungen ergeben hatten, unter denen neue Verhaltensweisen beibehalten werden, zeigen sich weiterhin Unterschiede hinsichtlich der Auffassung darüber, wie es zu neuem Verhalten kommt. Diese Unterschiede gründen ihrerseits in voneinander abweichenden Ansichten darüber, wie Verhalten überhaupt organisiert ist.

Stehen auf der einen Seite Vorstellungen, nach denen das Verhalten insgesamt Schritt für Schritt und Einheit für Einheit durch Lernen aufgebaut wird (Pawlow, Thorndike, Skinner), so herrscht auf der anderen die Auffassung vor (vor allem von der Gestaltpsychologie vertreten), Verhalten sei in jeder Phase ganzheitlich organisiert. Lernen besteht dann im wesentlichen in einem Umorganisieren des Verhaltens. Charakteristisch dafür ist ein Beispiel von Katz (1948). Er berichtet von einem Hund, dem durch einen Unfall zwei Beine abgetrennt wurden, der jedoch nach ganz kurzer Zeit bereits wieder auf den restlichen beiden Beinen laufen konnte. Die komplizierte neue Bewegungskoordination mußte er nicht erst langwierig, etwa nach Versuch und Irrtum oder nach der schrittweisen Annäherung neu lernen, vielmehr wurde sie weitgehend spontan neu organisiert.

Abgesehen davon entstehen neue Varianten des Verhaltens, überblicken wir die besprochenen Lernformen, durch zufällige Variationen der *Reaktionen* auf einen Stimulus (Thorndike) oder auch durch Variation des *spontanen* Verhaltens (Skinner), sowie durch Nachahmung eines Modells (Bandura und Walters).

2.3.3 Primäres Lernen

Lernen wird begrifflich von der Reifung unterschieden, wobei hinsichtlich des Lernens der Einfluß der Umwelt im Vordergrund steht, während Reifung demgegenüber die von der Umwelt unabhängigen Verhaltensänderungen repräsentiert.

Hebb (1967) wies jedoch nach, daß Reifung und Lernen zwar begrifflich unterschieden werden können, in Wirklichkeit aber nicht voneinander zu trennen sind. Die ursprüngliche klassische Versuchsanordnung zum Nachweis angeborener Verhaltensweisen ist der »Kaspar-Hauser-Versuch«, ein Versuchsplan, bei dem die Versuchstiere von Geburt an völlig isoliert von anderen Lebewesen, vor allem von Artgenossen, aufgezogen werden. Sofern sie sich dann in bestimmten Situationen gleich verhalten wie ihre normal aufgewachsenen Artgenossen, läßt sich daraus auf angeborenes Verhalten schließen.

Bis zu einem gewissen Grade ist dieser Schluß berechtigt, nur läßt sich nicht leugnen, daß auch ein solches Tier nicht von jeder Umwelt isoliert aufgewachsen ist.

Anhand von Beobachtungen und Experimenten konnte Hebb tatsächlich nachweisen, daß auch unter solch eingeschränkten Bedingungen Umwelteinflüsse von entscheidender Bedeutung sein müssen, auch wenn man von elementaren Lebensnotwendigkeiten wie Nahrung, Wasser und Luft absieht.

So zeigte sich, daß Menschen, die, blind geboren, in späterem Alter operiert und geheilt worden waren, zwar sehr schnell lernten, Farben zu unterscheiden, im Bereich des Formensehens aber nur zu sehr unvollkommenen Leistungen kamen. Beispielsweise war ein überdurchschnittlich intelligentes und lernfähiges Mädchen nach der Operation nicht in der Lage, mehr als drei Personen ihrem Aussehen nach zu erkennen. Einen Monat lang sah es täglich zwei Psychologen. Danach war es immer noch nicht fähig, sie aufgrund ihres Aussehens auseinanderzuhalten.

Elementare Wahrnehmungsleistungen sind also davon abhängig, daß sie von Anfang an unter dem Einfluß der Umwelt und der von ihr ausgehenden Stimuli geübt werden. Daß diese beobachtete Wirkung nicht allein auf einer fehlenden Reizung der Sinneszellen beruht, zeigt folgender Versuch: Ein Schimpanse wurde mit einem Plastikschirm über den Augen aufgezogen, welcher zwar alles Licht durchließ, aber alle Konturen auflöste, so daß das Tier nur gleichmäßige Helligkeit sah. Nach 16 Monaten war dieses Tier ebenso »blind« wie ein anderes, das während dieser Zeit in völliger Dunkelheit aufgewachsen war.

Einer Anzahl Affen wurden nach ihrer Geburt Arme und Beine so verpackt, daß sie keinerlei Erfahrungen mit dem Tastsinn sammeln konnten. Nach zweieinhalb Jahren wurde mit ihnen folgendes Experiment durchgeführt: Ohne daß es die Tiere sehen konnten, wurde ihren Händen – zufällig wechselnd der linken und der rechten – Futter dargeboten, wobei die entsprechende Hand jeweils vorher berührt wurde. Ein normales Tier braucht etwa 200 Versuche, bis es fehlerlos reagiert, d. h. mit der berührten Hand sogleich nach dem Futter greift. Die in der geschilderten Weise aufgezogenen Tiere benötigten demgegenüber 2000 Wiederholungen. Sie konnten also wesentlich schlechter den Berührungsreiz der linken oder rechten Hand zuordnen.

Reifung und Lernen sind demnach keine isolierten Vorgänge, die jeweils für das eine Verhalten mehr, für das andere weniger verantwortlich sind. Vielmehr sind beide wechselseitig miteinander verschränkt, sie setzen einander voraus. Verhalten entwickelt sich in einer ständigen Wechselwirkung von Reifung und Lernen, von »inneren« und »äußeren« Bedingungen.

2.4 Motivation und Lernen

Bedürfnisse, von deren Befriedigung das Behalten der zum Ziel führenden Verhaltensweisen abhängt, sind den Motiven zuzurechnen, jenen Bedingungen des Verhaltens, die im Sinne eines Konstrukts als »innere Beweggründe« eines Organismus gelten können.

Die Annahme derartiger innerer Beweggründe ergibt sich aus der Beobachtung, daß ein Verhalten eines Organismus nicht allein aus den von außen auf ihn einwirkenden Einflüssen erklärt werden kann. Beobachten wir irgendein Tier, etwa einen Vogel in einem Käfig, so können wir sehen, daß er z. B. auf den Sitzstangen hin- und herhüpft, dann zum Futternapf geht und frißt, anschließend einige Zeit gar nichts tut und ruht, um dann vielleicht sein Gefieder zu putzen und anschließend mit dem Schnabel mehrfach eine Schaukel anzustoßen – und das alles, ohne daß sich in seiner Umgebung irgend etwas verändert hat, was einen Anstoß für seine mehrfachen Verhaltensänderungen hätte geben können. Die Ursache dafür muß vielmehr in inneren Bedingungen gesucht werden, ebenso wie bei einem Kind, das, in einer konstanten Umgebung vorübergehend sich selbst überlassen, sich einmal diesem, einmal jenem Gegenstand zuwendet und seine Tätigkeit mehrfach wechselt.

Die Funktion der Motive (vgl. Hebb, 1967; Graumann, 1969) besteht einmal in der Mobilisierung von Aktivität überhaupt, außerdem in der Auswahl bestimmter Objekte in der Umgebung, auf die sich die Aktivität richtet sowie in der Auswahl bestimmter Verhaltensweisen, die diesen Objekten gegenüber hervorgebracht werden. In dem Maße, in dem wir z. B. hungrig werden, nimmt unsere Aktivität zu. Wir mobilisieren Energie für Handlungsweisen, um unseren Hunger zu stillen. Diese Energie wird sich auf Gegenstände richten, die eßbar sind, andere bleiben unbeachtet. Haben wir einen eßbaren Gegenstand gefunden, so werden wir ihn in unseren Besitz bringen und verzehren. Das Motiv bestimmt also auch die Art unserer Handlung. Ein schöner Apfel dient dem Hungrigen als Nahrung, dem Satten vielleicht als Dekoration seiner Wohnung.

Läßt sich auf diese Weise die Funktion der Motive einigermaßen beschreiben, so stößt ihre Einteilung auf Schwierigkeiten. Eine Gliederung der Motive nach den zugehörigen Handlungen würde zu unüberschaubaren Verhältnissen führen, etwa wenn damit das Essen von Wurst, Käse und Kartoffeln jeweils einem eigenen Motiv im Sinne eines speziellen Bedürfnisses oder Triebes zugeordnet würde. Ein Ausweg wäre, derartige Tätigkeiten zu Kategorien zusammenzufassen, im geschilderten Fall etwa von einem Bedürfnis nach Nahrungsaufnahme zu sprechen, aber bei näherem Zusehen tauchen erneut Schwierigkeiten auf, denn gleiche Verhaltensformen können auf unterschiedlichen Beweggründen beruhen. Dies wäre etwa der Fall, wenn ein Junge mit einem anderen eine tätliche Auseinandersetzung hat. Es könnte sich dabei um eine reine Balgerei ohne besonderen Anlaß handeln, vielleicht hat ihm aber sein Kontrahent etwas weggenommen, oder aber er nimmt einen Freund vor den Aggressionen des anderen in Schutz.

Letztlich ist das Problem der Einteilung von Motiven nicht gelöst. Nützlich, wenn auch nicht immer scharf durchzuführen ist aber die Unterscheidung von primären und sekundären Motiven.

Primäre Bedürfnisse sind im engeren Sinne biologisch verankert und damit allen Individuen einer Art gemeinsam, wie etwa das Bedürfnis nach Nahrung, Flüssigkeit, Schlaf, Bewegung, Erhaltung der Körpertemperatur, sexueller Betätigung oder nach einem mäßigen Grad sensorieller Stimulation. Die Existenz des zuletzt genannten Bedürfnisses geht einmal daraus hervor, daß übermäßig heftige Reizungen der Sinnesorgane (grelles Licht, starker Lärm) Abwehrreaktionen hervorrufen. Anderseits stel-

len sich bei Versuchen zur »sensoriellen Deprivation« (d.h. einer radikalen Verminderung der Licht-, Schall- und Berührungsreize durch geeignete Vorrichtungen und damit einer weitgehenden Isolierung von der Umwelt) bei den Versuchspersonen heftige Reaktionen des Unbehagens, Unruhe und erhöhte Reizbarkeit ein (vgl. u. a. Graumann, 1969), Erscheinungen, die in mäßiger Ausprägung unter weniger extremen Bedingungen im Zustand der Langeweile durchaus geläufig sind.
Derartige Bedürfnisse dienen unmittelbar der Aufrechterhaltung physiologischer Gleichgewichtszustände, der Selbsterhaltung und der Erhaltung der Art.
Daneben lassen sich Bedürfnisse feststellen, für die eine biologische Grundlage kaum bestehen dürfte, etwa das Bedürfnis, die Zähne zu putzen. Es ist sicher nicht bei allen Menschen in gleicher Weise vorhanden und steht nicht in unmittelbarem Zusammenhang mit physiologischen Gleichgewichtszuständen. Trotzdem könnte sich jemand durchaus unbehaglich und unruhig fühlen, wenn er daran gehindert wird, sich die Zähne zu putzen.
Wir hatten bereits einen Versuch kennengelernt (vgl. S. 44), in dem Versuchstiere aufgrund klassischer Konditionierung in einem weißen Käfigteil schmerzhafte Reize (Stromstöße) erwarteten. Sie hatten im Zusammenhang damit die Tendenz entwickelt, aus ihm zu entkommen und den »sicheren« schwarzen Käfigteil zu erreichen, eine Tendenz, die alle Merkmale eines Bedürfnisses aufwies (Aktivierung, Richtung der Aktivität auf bestimmte Objekte der Umwelt, Hervorbringen umschriebener Handlungsweisen) und sich als Verstärker für instrumentelles Lernen benutzen ließ, denn die Tiere hatten zweckmäßige Handlungsweisen gelernt, um aus dem Käfig zu entkommen. Es hatte sich ein sekundäres Motiv gebildet: Vermeiden des weißen Käfigteils.
Ein inzwischen weithin bekannter Versuch von Wolfe (1936) zeigt, wie ein sekundäres Bedürfnis, das vielfach als spezifisch menschlich angesehen wird, auch bei Tieren entwickelt werden kann. Schimpansen hatten gelernt, Wertmarken in einen Automat zu werfen, um daraufhin Trauben zu bekommen. In einer daran anschließenden weiteren Phase des Experiments, wurden sie für andere instrumentelle Handlungen mit solchen Wertmarken »belohnt«, etwa für das Heranziehen eines Gegenstandes an einer Schnur. Es zeigte sich dabei, daß die Wertmarken die Funktion von (sekundären) Verstärkern erhalten hatten. Bei den Tieren war ein Bedürfnis entstanden, diese Wertmarken zu

erwerben, ja, sie lernten sogar das Sparen, wenn erst für mehrere erworbene Marken Trauben eingetauscht wurden. Allgemein formuliert: Reize, d. h. Umweltgegebenheiten und Erlebnisse, die wiederholt mit einem anderen Stimulus zusammen aufgetreten sind, der seinerseits von Verstärkern gefolgt ist, werden selbst zu Verstärkern (Mowrer, 1950).

Aufbauend auf primäre Bedürfnisse entwickeln sich also weitere sekundäre Motive, erhalten Bedingungen der Umwelt – Objekte – motivationale Wertigkeit, d. h. sie werden angestrebt bzw. gemieden. Mit ihnen verbundene Handlungen werden zum Bedürfnis.

In der weiteren Entwicklung können diese Motive jedoch Eigenständigkeit erhalten, d. h. sie sind dann nicht mehr Mittel zum Zwecke der Befriedigung des »eigentlichen« dahinterliegenden Bedürfnisses, sondern selbständig und unabhängig geworden, »funktionell autonom« (Allport, 1959). So lernt vielleicht ein Kind ein Musikinstrument spielen, weil es Anerkennung oder andere Belohnung von seinen Eltern dafür erhält. Die Freude am Spielen kann sich jedoch später verselbständigen, die Tätigkeit um ihrer selbst willen ausgeübt werden, auch wenn die ursprünglichen, früher damit verbundenen Bedürfnisse nicht mehr damit befriedigt werden können. Nach Allport hat in diesem Sinne jedes Motiv eines einzelnen Menschen – abgesehen von den primären Bedürfnissen – seine Entwicklungsgeschichte im Sinne des Lernens und als Mittel zur Befriedigung ursprünglicher Motive. Es ist aber weder möglich noch sinnvoll, alle Motive als im Dienste eines »dahinterliegenden« Bedürfnisses stehend anzusehen. Wer Briefmarken sammelt, tat es ursprünglich aus diesem oder jenem Grunde. Inzwischen tut er es um seiner selbst willen.

Im Zusammenhang mit dem Lernen kommt damit den Motiven zweierlei Stellenwert zu:

1. Motive sind Bedingungen, die das Ausmaß des Lernens beeinflussen.
2. Motive sind ihrerseits Gegenstand und Inhalt von Lernprozessen.

Zur näheren Orientierung vgl. Eyferth (1964).

2.5 Generalisierung, Differenzierung und Transfer

Betrachten wir Lernen in der bisher beschriebenen Weise, so besteht es in der Ausformung eines Verhaltens in einer bestimmten Situation. Um auf ein früheres Beispiel zurückzugreifen: Im klassischen Konditionierungsexperiment hatte der Hund gelernt, bei einem Klingelzeichen Futter zu »erwarten«, wobei das Zeichen hinsichtlich Tonhöhe und Lautstärke konstant war. Wenn sich dabei eine eindeutige Zuordnung von Reiz und Reaktion herausgebildet hätte, so dürfte der bedingte Reflex nur unter genau gleichen Reizbedingungen auslösbar sein. Aufgrund der experimentellen Ergebnisse wie auch alltäglicher Erfahrung ist dies jedoch nicht der Fall. Vielmehr sondert im geschilderten Beispiel der Hund auch dann Speichel ab, wenn der Ton mit anderer Tonhöhe und/oder Lautstärke erklingt.

Ein Kind, das von seinen Eltern wiederholt davor zurückgehalten wird, vor dem Haus, in dem es wohnt, vom Gehweg unbedacht auf die Straße zu laufen, lernt mit der Zeit, anzuhalten und auf den Verkehr zu achten. Es wäre im höchsten Maße umständlich (ist aber glücklicherweise nicht notwendig), wenn es an jeder anderen Stelle von neuem lernen müßte, nicht unbedacht über die Straße zu laufen.

Wäre ein Lerneffekt strikt an die ursprüngliche Lernsituation gebunden, so könnten wir in neuen Situationen nicht auf frühere Erfahrungen zurückgreifen. Tatsächlich sind wir aber dazu recht gut in der Lage. Dieser Sachverhalt, die von der ursprünglichen Lernsituation ausgehende Verallgemeinerung des Gelernten, wird als »Generalisierung« bezeichnet.

Bei den bisherigen Beispielen hatte es sich um die Übertragung einer gelernten Verhaltensweise von einer äußeren Bedingung auf eine andere gehandelt, die sogenannte »Reizgeneralisierung«. Beobachten läßt sich jedoch auch, daß die an sich »gleichen« Verhaltensweisen, die unter konstanten Bedingungen ausgelöst werden, untereinander nicht völlig identisch sind, vielmehr tritt eine mehr oder weniger starke Veränderung der »Reaktionsart«, eine »Verhaltensgeneralisierung« (Foppa, 1965) ein. So beobachtete beispielsweise Lashley, daß eine Gruppe von Ratten, die gelernt hatten, ein Labyrinth vom Startplatz bis zum Ziel, wo sie Futter vorfanden, zu durchlaufen, spontan den Deckel über dem Startplatz zur Seite schob, über die Labyrinthdecke lief, um auf der anderen Seite beim Futterplatz wieder hineinzusteigen (zitiert nach Haseloff und Jorswieck, 1970). Ganz sicher handelt es sich hierbei um eine erhebliche Veränderung des ursprünglich gelernten Verhaltens, trotzdem bleibt eine konstante Komponente dabei erhalten, denn ohne »Kenntnis« der situativen Gegebenheiten hätten sich die Tiere nicht in dieser Weise zielorientiert verhalten können.

Damit erhebt sich aber die Frage, worin Generalisierung eigentlich besteht, bzw. unter welchen Umständen sie eintritt. Eine Möglichkeit scheint sich in dem Kriterium der Ähnlichkeit anzubieten. Offenbar sind es ähnliche Situationen, die ein bestimmtes gelerntes Verhalten auslösen, sind die in einer bestimmten Situation auftretenden, mehr oder weniger unterschiedlichen Reaktionsweisen untereinander ähnlich. Es entstehen dabei aber sogleich neue Schwierigkeiten, denn eine eindeutige Definition des Kriteriums »Ähnlichkeit« ist kaum möglich. Die Ähnlichkeit von Tonhöhen mag sich noch anhand der Differenz der Schwingungen pro Sekunde erfassen lassen, wie aber die von komplexeren Situationsbedingungen? Der Versuch, die Ähnlichkeit von Situationen damit zu definieren, daß sie gleiche Verhaltensweisen auslösen, führt zu einem Zirkelschluß, denn man würde dann einerseits anhand der Generalisierungstendenz die Ähnlichkeit, anhand der Ähnlichkeit die Generalisierungstendenz bestimmen. Etwas erfolgversprechender, wenn auch letztlich noch nicht befriedigend, ist das Aufzeigen von Ähnlichkeiten anhand struktureller Gemeinsamkeiten.

Besteht somit einerseits beim Lernenden die Tendenz zur Variation und (innerhalb gewisser Grenzen) Erweiterung von auslösender Situation und erworbenem Verhalten, so tritt, je nach den Bedingungen, unter denen gelernt wurde, auch das Gegenphänomen in Erscheinung, die »Differenzierung«. Sie besteht in der Fähigkeit zur Unterscheidung zwischen ähnlichen, aber dennoch verschiedenen situativen Bedingungen, die aufgrund vorangegangener Erfahrungen unterschiedliche Reaktionen erfordern bzw. unterschiedliche Ereignisse erwarten lassen. Auf diese notwendige Unterscheidung zwischen »Verhaltensdifferenzierung« und »Reizdifferenzierung« machte bereits Skinner (1938) aufmerksam.

Wenn der Hund im klassischen Konditionierungsexperiment nur dann Futter gereicht bekommt, wenn eine bestimmte Tonhöhe angeschlagen wird, während es bei anderen Tonhöhen ausbleibt, so stellt sich mit der Zeit die bedingte Reaktion (Speichelfluß) nur noch bei diesem Ton ein, außerdem noch bei solchen, die das Tier aufgrund zu geringer Höhendifferenz nicht mehr von ihm unterscheiden kann. In diesem Sinne kann man Differenzierung als Abbau der Generalisierung im Verlauf von Lernprozessen auffassen (Fuchs, 1957).

Beim menschlichen Säugling läßt sich beispielsweise beobachten (Spitz, 1969), daß er etwa im Alter von drei Monaten mit einem Lächeln antwortet, wenn sich ihm ein menschliches Gesicht fron-

tal zuwendet. Ein Gesicht im Profil löst diese Reaktion nicht aus. Er ist somit in der Lage, zwischen den sonstigen Bedingungen seiner Umgebung und der »Zeichen-Gestalt« (Spitz) des von vorne gesehenen menschlichen Gesichts zu unterscheiden. Eine weitergehende Differenzierung tritt jedoch noch nicht ein, vielmehr besteht weiterhin eine Generalisierung: Der drei Monate alte Säugling reagiert auf jedes menschliche Gesicht mit Lächeln, auch auf eine aus Papiermaschee hergestellte Maske.
Später dann, zwischen dem sechsten und achten Monat, erweitert sich die Differenzierungsfähigkeit. Tritt nun ein Fremder an das Kind heran, so reagiert es mehr oder weniger deutlich mit Angst, während es bekannte Gesichter freudig begrüßt. Im Zusammenspiel zwischen Reifungs- und Lernvorgängen ist damit eine Stufe erreicht, auf der es zwischen »bekannt« und »unbekannt« unterscheiden gelernt hat. In der späteren Entwicklung werden dann im Umgang mit Menschen weitere Differenzierungen notwendig und erreicht, wenn das Kind »Onkel« und »Tanten« des familiären Bereichs, gute Bekannte und mehr oder weniger Fremde unterscheidet und dementsprechend ein mehr oder weniger vertrauliches Verhalten an den Tag legt.
Generalisierung und Differenzierung werden beim Menschen durch die Sprache entscheidend unterstützt, andererseits bilden beide Funktionen die kognitiven Grundlagen der Begriffsbildung, denn Begriffe fassen zusammen, was unter einem Gesichtspunkt zusammengehört, sie sind Ergebnis der Generalisierung. Gleichzeitig gliedern sie aus, was unter diesem Gesichtspunkt nicht dazu gehört, unterschieden werden muß. Damit sind Begriffe gleichzeitig Hilfsmittel und Ergebnis der Differenzierung.
Im Tierversuch lassen sich bereits vorsprachliche Formen der Begriffsbildung nachweisen, etwa wenn Tiere lernen, im Zusammenhang mit einem Kreis und einer Ellipse Belohnungen, in Verbindung mit einem Quadrat und einem Dreieck hingegen Schmerzreize zu erwarten. Es zeigt sich dann, daß sie, konfrontiert mit einer Wellenlinie eine Belohnung, bei einer Sternfigur hingegen Bestrafung erwarten, oder zumindest entsprechende Reaktionen schneller ausbilden. Sie haben Begriffe erworben, die man sprachlich mit »rund« bzw. »eckig« bezeichnen würde. Die Fixierung von Begriffen mit ihren weitläufigen Implikationen an jeweils ein Wort erleichtert ihre Verfügbarkeit bei gedanklichen Operationen.
Gleichzeitig unterstützen Begriffe die Strukturierung und Organisation des Wahrnehmungsfeldes. Objekte, die unterschiedliche

Verhaltensweisen erfordern, sind in der Regel auch unterschiedlich benannt, während die gleiche Benennung unterschiedlicher Objekte häufig Anzeichen für gleiche oder ähnliche Verhaltensweisen ist, die ihnen gegenüber unter einem wesentlichen Aspekt angemessen sein werden. So berichtet Lounsbury (1956, zitiert nach Triandis, 1964), daß ein Mann bei den Pawnee ein einziges Wort als Bezeichnung für Frauen hat, die in unterschiedlichen Arten familiärer Beziehung zu ihm stehen:
1. Für die Frau des Bruders der Mutter,
2. für die eigene Frau,
3. für deren Schwestern.

Zu den sozialen Normen dieses Stammes gehört es, daß der heranwachsende junge Mann seine ersten sexuellen Erfahrungen mit der Frau des Bruders der Mutter hat. Ist er verheiratet, unterhält er außer mit seiner Frau auch mit deren Schwestern sexuelle Beziehungen.

Generalisierung und Differenzierung werden damit zu sekundären Problemen der Hauptfrage nach der Art und Weise, wie sich die wahrnehmende Erfassung der Umweltgegebenheiten einerseits und die Abfolge von Verhaltensweisen andererseits jeweils für sich organisieren bzw. strukturieren und außerdem wie Strukturen und Strukturkomponenten dieser beiden Seiten sich untereinander verbinden. Eine Frage, die bislang noch nicht beantwortet werden kann, sofern man von dieser Antwort außer einer Beschreibung der beobachteten Phänomene eine Auskunft über die zugrunde liegenden Mechanismen und ihre Funktionsweise erwartet.

Aus der Tatsache, daß es sich bei der Frage nach den Prinzipien der Strukturbildung um ein letztlich nicht befriedigend gelöstes Problem handelt, sollte jedoch nicht voreilig die Konsequenz gezogen werden, entsprechende Aspekte aus der Theorienbildung von vornherein auszuklammern und zu dem Konzept elementarer Reiz-Reaktions-Verbindungen zurückzukehren, da diese eben besser erfaßbar sind. Ziel müßte es vielmehr sein, die Bildung von Strukturen erfaßbar zu machen.

Strukturen bestehen im Vorhandensein von Beziehungen zwischen Untereinheiten des Wahrnehmungsfeldes. Die Erfassung dieser Beziehungen durch das wahrnehmende Subjekt bedeutet die Erfassung von Strukturen. Strukturen sind Informationseinheiten höherer Ordnung, die mehrere Untereinheiten bzw. Informationen umfassen (vgl. Attneave, 1965). Folgendes Beispiel mag dies illustrieren:
Ein Versuchstier befindet sich in einem Käfig mit zwei kleinen

Türchen. Das eine ist durch einen Kreis von 5 cm gekennzeichnet, das andere mit einem solchen von 3 cm. Beide Bezeichnungen werden zwischen den Türen in zufälliger Reihenfolge ausgewechselt. Das Tier lernt nun in einem ersten Versuchsdurchgang, daß sich hinter dem Kreis mit 5 cm Durchmesser Futter befindet, hinter dem anderen hingegen nicht. Wird nun der Versuch geändert, indem der eine Kreis 5 cm, der andere 7 cm im Durchmesser aufweist, so sucht das Tier spontan hinter dem Kreis von 7 cm Futter. Es organisiert sein Wahrnehmungsfeld also nicht nach absoluten Größen, sondern nach Relationen und wählt (nach dem Gesichtspunkt, nach dem es »subjektiv« gelernt hat) den »größeren« Kreis, nicht den mit 5 cm Durchmesser, auf den es dressiert worden war. Nach diesem, von Köhler (1918) ausgearbeiteten Prinzip sind nicht absolute Merkmale für die Wahrnehmung (und damit auch für Verhaltensweisen und Lernvorgänge) entscheidend, sondern die Relationen und Beziehungen zwischen den Wahrnehmungseinheiten.

Im Zusammenhang damit steht ein grundsätzliches pädagogisches Problem, das in der Verheißung zusammengefaßt wird, man lerne nicht für die Schule, sondern für das Leben. Soweit wir »im Leben« Lesen, Schreiben und Rechnen als Kulturtechniken für unser Bestehen und Fortkommen benötigen, bieten sich auch keine Probleme. Das Gelernte kann später direkt angewandt werden. Jeder kritische Schüler stellt aber irgendwann mehr oder weniger dringlich die Frage, warum er sich eigentlich mit diesem und jenem Lernstoff abmühen soll, wenn er ihn später ja doch nicht »brauche«. Ihm wird dann die Antwort zuteil, daß etwa Mathematik den Verstand schärfe, ebenso Latein. Letzteres sei überdies geeignet, das Erlernen jeder Fremdsprache entscheidend zu erleichtern. Bis vor nicht allzu langer Zeit wurden Generationen von Schülern angehalten, ganze Serien von Gedichten und Balladen auswendig zu lernen in der Annahme, das Gedächtnis werde dadurch allgemein gestärkt.

»Diese Erleichterung eines Lernprozesses durch vorausgegangene Lernaktivität« (Foppa, 1966, S. 236 f.) wird mit dem Begriff »Transfer« bezeichnet. Eine etwas eingehendere Definition gibt Bergius (1964) und versteht darunter »die Veränderung von Lernprozessen und Lernergebnissen mit *einem* Material oder Ziel durch früheres Lernen (Neuerwerben) und Üben (Verbessern und Festigen von Wissen und Fertigkeiten) mit *anderem* Material oder Ziel« (S. 284). Im (in der Regel angestrebten) Fall einer fördernden Wirkung früherer Lernaktivitäten spricht man vom »positiven Transfer«, bei behindernder Wirkung von »negativen

Transfer«. In der älteren deutschen Literatur wurde Transfer als »Mitübung« bezeichnet.

Das Transferproblem wird unter zweierlei Aspekten behandelt. Einmal dahingehend, inwieweit Transferwirkungen überhaupt feststellbar sind, außerdem unter der Frage, worauf er beruht und wie er gefördert werden kann (vgl. Bergius, 1970).

Experimente zum Nachweis von Transfereffekten sind oft recht komplex und methodisch anspruchsvoll angeordnet, beruhen aber letztlich auf einem Grundprinzip: Eine Gruppe, die Experimentalgruppe, lernt eine bestimmte Verhaltensweise A (Reaktionsform, Fertigkeit, Denkoperation, Kenntnisse usw.). Danach, eventuell mit einer dazwischenliegenden Pause, lernt diese Gruppe eine zweite Verhaltensweise B, die in der Regel der Verhaltensweise A ähnlich ist. Die Verhaltensweise B wird auch von einer zweiten Gruppe, der Kontrollgruppe, gelernt, die A nicht gelernt hat. Ist die Lernleistung der Experimentalgruppe anders als die der Kontrollgruppe, so liegt Transfer vor.

In elementarer Form zeigt sich der Transfereffekt, wenn Lernleistungen durch voraufgegangene, allerdings neutrale Erfahrungen mit einem Gegenstand erleichtert werden. Gibson und Walk (1956) hielten Ratten in Käfigen, in denen schwarze Kreise und weiße Dreiecke angebracht waren. Eine Gruppe von Kontrolltieren lebte in Käfigen, die diese Dekorationen nicht hatten. Als nun gelernt werden sollte, schwarze Kreise von weißen Dreiecken zu unterscheiden, erwiesen sich die »erfahrenen« Versuchstiere den »unerfahrenen« deutlich überlegen, sie lernten schneller. Das Vertrautsein mit Objekten erleichtert deren Unterscheidung. So sieht für den »normalen« Menschen ein Zebra aus wie das andere: Vor allem gestreift. Der erfahrene Zoowärter erkennt jedoch die einzelnen Individuen der von ihm betreuten Zebraherde sofort und sicher an der jeweils individuellen Zeichnung der Tiere. Auch in einer neuen Gruppe solcher Tiere findet er sich schneller zurecht als der Unerfahrene.

Ein anderes Experiment greift das Transferproblem im spezielleren Sinne auf (Judd, 1908). Seinen Versuchspersonen wurde die Aufgabe gestellt, mit kleinen Pfeilen nach Zielen zu werfen, die sich unter Wasser befanden. Diese Aufgabe wurde dadurch erschwert, daß infolge der Lichtbrechung das Ziel für den Werfenden an anderer Stelle zu sein scheint, als es tatsächlich ist. Er muß dies beim Zielen einkalkulieren. In diesem Experiment war nun vor dem Werfen die eine Gruppe mit den Brechungsgesetzen vertraut gemacht worden, die Kontrollgruppe nicht. Zunächst blieb die Versuchsanordnung konstant, indem die Entfernung zwischen Ziel und Wasseroberfläche nicht verändert wurde. Unter dieser Bedingung zeigten beide Gruppen keinerlei Unterschiede in ihren Leistungen. Als dann aber die Distanz Ziel–Wasseroberfläche variiert wurde, erzielte die informierte Gruppe wesentlich bessere Ergebnisse als die uninformierte. Es zeigte sich: Die Kenntnis der Beziehungen zwischen den situativen Gegebenheiten, d. h. die Kenntnis der strukturellen Bedingungen fördert den Transfer.

Hinsichtlich vermuteter Transferwirkungen lassen sich zwei Formen unterscheiden. Die eine Form, der Transfer als Inhaltsgeneralisierung bezieht sich auf die Übungs- und Lernübertragung zwischen inhaltlich ähnlichen Situationen und Reaktionsformen, wie dies beispielsweise in dem geschilderten Experiment von Judd der Fall war.

Die andere Form, der formale Transfer, bezieht sich auf die allgemeine Förderung und Übung einer psychischen Funktion, wenn sie in einem Teilbereich trainiert wird. Ein Beispiel dafür ist die Erwartung, durch das Auswendiglernen von Gedichten werde das Gedächtnis leistungsfähiger, gleichgültig, welche Inhalte es aufnehmen soll.

Kann das Vorhandensein inhaltlicher Generalisierung als erwiesen gelten, so ist dies für den formalen Transfer keineswegs der Fall. Zwar hatte bereits Ebbinghaus (1885) beobachtet, daß mit zunehmender Übung im Auswendiglernen verbalen Materials die Lernleistung anstieg. Allerdings könnte dieser Fortschritt auf der Entwicklung von Arbeits- und Lerntechniken und auf der zunehmenden Vertrautheit mit dem Material beruhen, eine Vermutung, die durch die Ergebnisse von Woodrow (1927) und Harlow (1949) gestützt wird. Damit ist aber formaler Transfer wiederum auf inhaltlichen zurückgeführt, denn die übertragenen Lernmethoden stellen ihrerseits Lerninhalte dar.

Theoretische Erklärungsversuche des Transfereffekts beruhten zunächst in seiner Verwandtschaft mit der Generalisierung. Judd führte entsprechend den Transfer auf die Generalisierung zurück. Allerdings ergaben sich dabei Schwierigkeiten, sobald die Ähnlichkeit zwischen zwei, durch Transfer verbundenen Lerninhalten nicht mehr gegeben zu sein scheint.

Anders sah Thorndike (1924) in seiner »Theorie der identischen Elemente« den Transfereffekt in der Verknüpfung von elementaren Reiz-Reaktions-Verbindungen, die in den durch Transfer verbundenen Verhaltensweisen gemeinsam enthalten sind und, einmal gelernt, auch in anderem Zusammenhang bereits zur Verfügung stehen und so den neuen Lernprozeß abkürzen. Allerdings stößt diese Theorie schnell an Grenzen, sobald erklärt werden soll, warum Ratten, die gelernt haben, ein Labyrinth zu durchlaufen, sich auf Anhieb darin zurechtfinden, wenn sie es schwimmend durchqueren sollen (MacFarlane, 1930), wenn also ganz andere motorische Reaktionsketten ablaufen. Ebensowenig läßt sich mit dieser Theorie vereinbaren, daß jemand, der mit der rechten Hand schreiben gelernt hat, es dann auch mit der linken oder einem der Füße kann (zumindest besser als jemand, der mit seinem Schreibtraining überhaupt erst anfängt), obwohl dabei ganz andere Muskelgruppen in unterschiedlicher Weise innerviert werden müssen, also keine elementaren Reiz-Reaktions-Verbindungen zwischen beiden Tätigkeiten identisch sind.

Somit ist es auch hier notwendig, den Strukturbegriff heranzuziehen (vgl. Bergius, 1970) und den Transfer auf die Übertragung struktureller Gesichtspunkte von einer Situation auf eine andere zurückzuführen. Je klarer die strukturellen Bedingungen einer Situation erfaßt werden, um so größer ist die von ihr ausgehende Transferwirkung auf strukturell ähnlich gelagerte Situationen. Katona (1940) zeigte, daß die Transferwirkung von den Umständen abhängt, unter denen ursprünglich gelernt wurde. Sie war bei Problemlösungsaufgaben, die nach dem Reiz-Reaktions-Modell gelernt worden waren, nur gering ausgeprägt. Ein besserer Transfereffekt zeigte sich, wenn die dem Problem zugrunde liegenden Regeln dem Lernenden mitgeteilt wurden. Am stärksten war die Wirkung aber dann, wenn die Versuchspersonen die Einsicht in diese Regeln selbst erarbeitet hatten.

Nach Bergius (1970) beruht Transfer darauf, daß in beiden Situationen ein erkanntes Prinzip gleichzeitig wirksam ist. Um dies zu gewährleisten, muß vom Lernenden die Verwandtschaft der Situationen erkannt werden. Im ursprünglichen Lernprozeß muß strukturiert und die Regel erkannt werden, zumindest, wenn sie dargeboten wird, ist es notwendig, sie zu verstehen. Im zweiten Prozeß muß diese Regel erinnert werden können und im entscheidenden Augenblick auch tatsächlich reproduziert werden. Man könnte dies als »Theorie der identischen Strukturbedingungen« bezeichnen. Danach werden beim Lernprozeß strukturelle Züge der Situation erfaßt, die sich als strukturelle Spuren im Gedächtnis niederschlagen und reaktiviert werden können, wenn neue Situationen ähnliche oder gleiche strukturelle Züge aufweisen.

Insofern liefe Transfer überhaupt auf das Prinzip der Inhaltsgeneralisierung hinaus, wobei es die strukturellen Züge wären, die gelernt und generalisiert werden. Generalisierung kann einerseits auf Inhalten im Sinne von Gedächtnismaterial, Fertigkeiten u. dgl. beruhen, andererseits auch auf Inhalten im Sinne methodischer Prinzipien und formaler Denkprozesse.

Die Auffassung von Thorndike besteht insofern sicher zu Recht, als man in erster Linie das lernt, was man lernt, und nicht ein anderes Gebiet. Wer Latein lernt, lernt primär Latein, nicht präzises Denken oder die Fähigkeit, andere Sprachen zu lernen. Nach Thorndike soll der, der Französisch lernen möchte, dies am besten gleich tun und nicht die Zeit auf Latein verschwenden. In diesem Sinne verbreitete sich unter dem Einfluß Thorndikes eine allgemeine Skepsis hinsichtlich des Ausmaßes von Transfereffekten und des damit verbundenen Wertes der sogenannten »Allgemeinbildung«.

Dies betrifft jedoch nur die (allerdings im Vordergrund der Diskussion stehende) Bedeutung einer »Allgemeinbildung« für die Schulung und Ausformung intellektueller Fähigkeiten. Daneben kommt ihr aber eine soziale Funktion zu, denn sie ist in einer Gesellschaft eine Basis des den einzelnen Individuen gemeinsamen Erfahrungsbereiches, der seinerseits eine Voraussetzung für das gegenseitige Verstehen in der sozialen Interaktion, des Kontaktes von Mensch zu Mensch darstellt. Gegenseitiges Verstehen beruht auf der Gleichheit oder Ähnlichkeit der Vorstellungen, auf der »gleichen Sprache«, die man spricht. Voraussetzung dafür ist eine Gemeinsamkeit der Erfahrungen und Erlebnisse, über die man verfügt. Jede Gesellschaft bzw. Kultur verfügt über eine Reihe gemeinsamer Erfahrungen, die von Generation zu Generation überliefert werden und die gemeinsame Verständigungsbasis garantieren. Allerdings wurde diese Funktion von der traditionellen »Allgemeinbildung« nur bedingt erfüllt, da sie, weitgehend den Angehörigen der oberen Sozialschichten vorbehalten, einerseits Statussymbol war, andererseits die Solidarität dieser Subkultur verstärkte. Nichtsdestoweniger ist die Integration einer Gesellschaft wohl mit abhängig vom Ausmaß des Vorhandenseins gemeinsamer Erfahrungen, die in einer allgemein vermittelten Bildung zusammengefaßt sind.

Ist die Frage des Transfers der allgemeinen Bildung nur eine Seite des Problems, so sind sich die Autoren weitgehend einig, daß Transfer sich nicht von alleine in optimaler Weise einstellt. Er ist kein automatisches Produkt eines Lernprozesses. Transfer muß seinerseits gelernt werden, d. h. die flexible Behandlung erlernter Strukturen und ihre Übertragung auf neue, »verwandte« Situationen. Regeln, Prinzipien, Gesetzmäßigkeiten und Methoden müssen explizit erarbeitet werden, gefolgt von einer möglichst vielfältigen Anwendung in anderen Bereichen. Der Transfer der Mathematik hängt ab von dem Ausmaß, in dem die darin enthaltenen gedanklichen Operationen herausgearbeitet und in anderen Stoffgebieten erneut angewandt werden.

Man lernt wirklich nur, was man lernt. Allerdings lernen wir nicht nur das, was wir offensichtlich, von außen beobachtet und unter irgendeiner Absicht lernen, wir lernen auch »nebenbei«. Transfer ist von dem abhängig, was wir nebenbei lernen, darum sollte er nicht dem Zufall überlassen bleiben, sondern Ansatzpunkt pädagogischen Handelns sein.

3 Erziehungsstile

Wer Eltern und Kinder, Lehrer und Schüler im Umgang miteinander beobachtet und die Verhaltensweisen der Erzieher vergleicht, wird bald recht erhebliche Unterschiede zwischen ihnen feststellen. So neigen manche in erhöhtem Maße zu Strafen, um unerwünschtes Verhalten von Kindern zu unterdrücken, während andere seltener zu solchen Mitteln greifen. Erwartet die eine Mutter von ihren Kindern strikten Gehorsam, so kümmert sich eine andere weniger darum. Einige Eltern freuen sich, wenn ihre Kinder sich unter Gleichaltrigen als durchsetzungsfähig erweisen, auch wenn sie dabei aggressives Verhalten zeigen, andere legen wiederum besonderen Wert auf Unterdrückung aggressiver Reaktionen, selbst wenn durch größere Nachgiebigkeit ein Kind hinter anderen wiederholt zurückstehen muß, während noch andere Eltern es begrüßen, wenn ihre Kinder Verhaltenstechniken erwerben, die ein Durchsetzen auf nicht aggressivem Wege ermöglichen. Ist der eine Lehrer bestrebt, in seiner Klasse absolute Ruhe und Ordnung zu halten, so stört es einen anderen wenig, wenn die Kinder gelegentlich untereinander sprechen, solange dadurch die gemeinsame Arbeit nicht behindert wird.

Es ist allgemeine Überzeugung, daß die Art und Weise des Erzieherverhaltens ihre Auswirkungen auf den Erzogenen hat. Häufig sind Äußerungen zu hören wie: »Aus *dem* wird bestimmt einmal nichts, bei *der* Erziehung!« Berücksichtigt man, daß unterschiedliches Erzieherverhalten für Kinder und Jugendliche unterschiedliche Lernbedingungen darstellen, so ist von vorneherein unter lernpsychologischen Gesichtspunkten damit zu rechnen, daß die Verschiedenartigkeit der Menschen zumindest teilweise auf unterschiedliche Verhaltensweisen ihrer Erzieher zurückzuführen ist. Allerdings, Aussagen und Vorhersagen der obengenannten Art sind auf wissenschaftlicher Basis kaum möglich, denn die vorliegenden Forschungsergebnisse erlauben keine dermaßen summarischen Behauptungen. Läßt die vorwissenschaftliche Beobachtung und Erfahrung erwarten, daß unterschiedliches Erzieherverhalten unterschiedliche Auswirkungen beim Erzogenen nach sich zieht, so lautet die hieraus resultierende *wissenschaftliche* Fragestellung in der ersten Annäherung: »Welche Verhaltensweisen von Erziehern haben welche Wirkungen beim Erzogenen?«

Die Antwort hierauf setzt zunächst die Erfassung und Beschreibung der Merkmale des Erzieherverhaltens voraus. Erst wenn dieses Problem gelöst ist, können die zugehörigen Auswirkungen näher untersucht und beschrieben werden.
Versuche zur Erfassung des Erzieherverhaltens existieren bereits seit einiger Zeit, allerdings waren nicht alle Ansätze überzeugend und zum Teil erheblicher Kritik ausgesetzt. Erst in jüngerer Zeit scheint sich ein Durchbruch anzubahnen, nachdem in einer konzentrierten Diskussion die verschiedenen relevanten Gesichtspunkte systematisch zusammengestellt wurden (vgl. Herrmann, 1970, Herrmann et al. 1968, Tausch und Tausch 1970).
Eine ganze Reihe früherer Untersuchungen stützt sich auf verschiedenste Ansätze zur Beschreibung des Erzieherverhaltens, die allerdings dem heutigen Stand der Forschung nicht mehr entsprechen. In ihren Ergebnissen liefern sie jedoch nach wie vor wertvolle Beiträge, die zudem die Diskussion heute noch weitgehend bestimmen. Aus diesem Grunde soll hier auch auf solche Ansätze eingegangen werden.

3.1 Typologische Konzepte

Der Anstoß zu dieser Entwicklung kann in einer Versuchsserie gesehen werden, die 1939 und in den folgenden Jahren publiziert wurde und inzwischen zu den meistzitierten psychologischen Arbeiten gehört. Angeregt wurde sie von Kurt Lewin, zweifellos unter dem Eindruck der damaligen politischen Verhältnisse in Deutschland, die ihn 1933 zur Emigration in die Vereinigten Staaten von Amerika veranlaßt hatten. Durchgeführt wurden diese Versuche vor allem von Lippitt und White (1943, 1947) in der Weise, daß Kinder über eine Zeit hinweg regelmäßig zu Bastelarbeiten zusammenkamen, und zwar unter der Leitung eines Erwachsenen, der sich den Kindern gegenüber jeweils in einer charakteristischen Weise verhielt. Beobachtet wurde dann die Auswirkung seines Verhaltens auf die einzelnen Kinder und die Gesamtgruppe. Die vom Gruppenleiter gezeigten Verhaltensweisen lassen sich wie folgt beschreiben:
Der »autoritäre« Gruppenleiter bestimmte alleine und von sich aus sämtliche Gruppenangelegenheiten. Alle technischen Einzelheiten der Arbeiten wurden von ihm vorgeschrieben, nachdem er bestimmt hatte, was das Arbeitsziel der Gruppe überhaupt sei. Die Kinder wurden über den Sinn des jeweils anstehenden Arbeitsschrittes ebenso im Unklaren gelassen wie über die fol-

genden. Der Gruppenleiter bestimmte, wer mit wem zusammenarbeitet und verteilte Lob und Kritik willkürlich und recht persönlich. Zu beachten ist, daß er keineswegs aggressiv-autoritär auftrat und sich durchaus bemühte, freundlich zu sein und Lob und Beifall häufig zu verteilen (dies machte etwa 10 Prozent seiner Tätigkeit aus). Radikale Methoden wie Fluchen, Schimpfen und Einschüchtern wurden vermieden.

Anders der »*demokratische*« Gruppenleiter. Er spielte in erster Linie die Rolle eines Koordinators der Gruppenaktivitäten. Alle Gruppenangelegenheiten wurden durch gemeinsame Diskussion und Entscheidung geregelt. Die Aufgabe des Leiters war es, hierzu zu ermuntern und dabei zu helfen. Das Gruppenziel wurde gemeinsam bestimmt, die einzelnen Arbeitsgänge ebenso festgelegt und selbständig am Gruppenziel überprüft. Waren technische Hilfen nötig, so schlug der Leiter nicht nur eine, sondern mehrere Möglichkeiten zur Auswahl vor. Die Kinder konnten selbst bestimmen, wer mit wem zusammenarbeitet. Lob und Kritik waren betont sachbezogen.

Die dritte Form der Gruppenleitung erfolgte nach dem »*Laissez-faire*«-Prinzip. Die Gruppen waren völlig auf sich selber gestellt. Jeder konnte tun und lassen, was er wollte, der Gruppenleiter nahm nur in minimalem Ausmaß Anteil und beschränkte sich darauf, das Bastelmaterial zu liefern. Auskünfte gab er nur, wenn er danach gefragt wurde, er zeigte eine Haltung, die kurz als passiv und freundlich charakterisiert werden kann.

Diese Verhaltenscharakteristika wurden von mehreren Gruppenleitern bei einer ganzen Reihe von Gruppen verwirklicht, und zwar so, daß jeder von ihnen in allen drei Verhaltensweisen auftrat, jeweils bei einer anderen Gruppe. Damit wurde erreicht, daß die bei den Kindern auftretenden Auswirkungen auch wirklich auf die jeweilig verwirklichte Verhaltenscharakteristik und nicht auf die spezielle Persönlichkeit des Gruppenleiters zurückzuführen war.

Die wesentlichen Effekte zeigten sich in zwei Bereichen: dem Leistungsverhalten der Gruppen sowie in der »Gruppenmoral«, d. h. im spontanen Zusammenhalt innerhalb der Gruppen und in dem Ausmaß freundlicher Reaktionen der Mitglieder untereinander.

In den autoritär geleiteten Gruppen zeigten die Mitglieder zweierlei Reaktionsweisen. Entweder verhielten sie sich unterwürfig, indem sie bedingungslos den Anordnungen des Leiters nachkamen. In anderen Gruppen zeigten sich ausgesprochen feindselige Reaktionen, sowohl zwischen den Kindern als auch gegenüber dem Gruppenleiter. Schlechter Zusammenhalt, Unzufriedenheit und Feindseligkeit waren in den letzteren Gruppen besonders häufig, ganz im Gegensatz zu den demokratisch geführten Gruppen.

Aber nicht nur unter der autoritären Führung war der Gruppenzusammenhalt schlecht, auch in denen, die sich selbst überlassen waren. Hier traten gehäuft Unzufriedenheit, Enttäuschung und Aggressivität auf.

Was die Leistungen betrifft, so waren hinsichtlich der Menge diejenigen Kinder allen anderen überlegen, die autoritär geführt wurden und sich dem unterwarfen. Nach den Angaben von Lippitt und White, die allerdings schwer nachzuprüfen sind, lieferten die demokratisch geführten Kinder hingegen die qualitativ besten Ergebnisse.

Interessant ist der Vergleich der mit ernsthafter Arbeit zugebrachten Zeit. Sie war bei der unterwürfigen, autoritär geführten Gruppe mit 74 % am höchsten – sofern der Gruppenleiter anwesend war. In seiner Abwesenheit sank dieser Prozentsatz rapide auf 29 % ab. Die entsprechenden Zahlen betrugen bei den autoritär geführten, aber aggressiv reagierenden Kindern 52 % bzw. 16 %. Im Gegensatz dazu war die Anwesenheit des Gruppenleiters für die demokratisch geleitete Gruppe nicht weiter von Belang. War er mit im Raume, so wurde 50 % der Zeit ernsthaft gearbeitet, sonst 46 %. Die sich selbst überlassenen Laissez-faire-Gruppen taten in keinem Falle sonderlich viel. Sie arbeiteten unter beiden Bedingungen etwa 33 % der Zeit.

Es fehlte nicht an Kritik gegenüber diesen Versuchen, die sich zunächst auf vier Punkte bezog.

1. Es fragt sich, ob nicht der soziale und kulturelle Hintergrund, in dem die Kinder jeweils leben, eine wesentliche Rolle spielt. Mit anderen Worten: Kinder beispielsweise, die demokratische Verhaltensweisen bei Erwachsenen gewohnt sind, könnten anders reagieren als solche, die einem autoritären Milieu entstammen.
2. Die Wirkung des Führungsverhaltens Erwachsener auf Kinder könnte von Persönlichkeitsmerkmalen letzterer abhängig sein.
3. Es ist durch die Versuche von Lippitt und White nicht geklärt, welche Bedeutung der jeweiligen Tätigkeit zukommt. Der Effekt, den Verhaltensweisen von Erziehern hervorbringen, könnte unterschiedlich sein, je nachdem, welche Aufgaben den Gruppen gestellt sind, welche Tätigkeit sie ausüben.

4. In den geschilderten Versuchen wurden die Verhaltenscharakteristika von den Gruppenführern »gespielt«. Es bleibt die Frage, inwieweit es wirklich und einheitlich gelang, ob die realisierten Verhaltensweisen »echt« waren. Schließlich könnte es ergiebiger sein, im realen Leben unmittelbar verwirklichtes Erzieherverhalten zu untersuchen und auf seine Wirkungen hin zu überprüfen.

Zum ersten Punkt wurde von Birth und Prillwitz (1959) in Deutschland, also vor einem anderen kulturell-historischen Hintergrund, eine Kontrollstudie durchgeführt, deren Ergebnisse die von Lippitt und White bestätigen. In der demokratischen Gruppe wurde ein positives Verhältnis zum Gruppenleiter beobachtet. Ließ die Disziplin zwar manchmal zu wünschen übrig, so war sie doch ausgesprochen gut, als es galt, die gemeinsame Gruppenleistung zu dokumentieren. Wie bei Lippitt und White war die ernsthafte Arbeit auch nicht an die Anwesenheit des Gruppenleiters gebunden. Arbeitshaltung, Zusammenarbeit, Wir-Haltung und Kontaktverhalten wurden von den Beobachtern ausgesprochen positiv geschildert. Die autoritären Gruppen hingegen verhielten sich dem Leiter gegenüber untertänig-ergeben und unsicher. Entsprechend »mustergültig« war die Disziplin, sie blieb dabei aber von der Anwesenheit des Gruppenleiters abhängig. Wir-Haltung und Gruppenkontakt blieben verkümmert. Im Vordergrund stand das Bestreben jedes einzelnen, sich durch sein Verhalten das persönliche Wohlwollen des Leiters zu erwerben und zu erhalten. Die Leistungen waren bei der autoritär geführten Gruppe allerdings nicht nur – wie in der Untersuchung von Lippitt und White – in quantitativer Hinsicht besser, sondern auch ihrer Qualität nach. Allerdings machte sich bei diesen Kindern mehr Unsicherheit und Ängstlichkeit bemerkbar, ganz anders als bei den demokratisch geführten, die sich durch Sicherheit und Gewandtheit auszeichneten.

Scheint sich die Unabhängigkeit der Reaktionsweisen auf Erzieherverhalten vom sozio-kulturellen Hintergrund hier anzudeuten, so sprechen neuere Untersuchungsergebnisse allerdings dagegen.

Meade und Whittacker (1967) stellten in einer weitgesteckten, interkulturellen Vergleichsstudie fest, daß in Indien die weitaus stärksten autoritären Einstellungen bestehen (gemessen anhand der F-Skala von Adorno et al., 1950). Meade (1967) vermutete, daß in einer stark autoritär geprägten Kultur ein autoritäres Gruppenleiterverhalten im Gegensatz zu Lippitt und White bessere Leistung und Gruppenmoral bedingt als ein demokratisches und konnte diese Vermutung in einer Kontrolluntersuchung auch bestätigen. Unter anderem waren die autoritär geführten zehn- bis elfjährigen Jungen eher bereit, nach Beendigung der Zusammenkünfte weiterhin freiwillig zusammenzukommen. Meade führt dies darauf zurück, daß diese Jungen mit der autoritären Situation besser vertraut waren, daß diese ihren Bedürfnissen, wie sie sich in dem entsprechenden Milieu entwickelt hatten, mehr entgegenkam. Der kulturelle Lebensraum ist also für die Reaktionen von Kindern auf das ihnen gegenüber gezeigte Verhalten Erwachsener von Bedeutung.

Daß ebenfalls, wie unter Punkt zwei angeführt, Persönlichkeitsmerkmale der Erzogenen für ihre Reaktionsweise auf das Erzieherverhalten von Bedeutung sein dürften, läßt sich anhand von Ergebnissen vermuten, die allerdings nicht bei Kindern, sondern bei Studenten erhoben wurden. Haythorn et al. (1956) stellten fest, daß (wiederum gemessen mittels der F-Skala) autoritär eingestellte Personen unter der Führung von ebenfalls autoritär eingestellten Gruppenleitern bessere Leistungen erzielen. Analog verhält es sich mit den wenig autoritär eingestellten Personen, die unter ihnen in dieser Hinsicht ähnlichen Gruppenführern bessere Leistungen erzielten. In die gleiche Richtung weisen von Denmark und Diggory (1966) nachgewiesene Geschlechtsunterschiede: Männliche Studenten zeigen und bevorzugen bei Führungspersonen mehr autoritäres Verhalten als weibliche.

Hinsichtlich der jeweils ausgeführten Tätigkeit (Punkt drei) konnte Fiedler (1964) bei Erwachsenen nachweisen, daß die Beziehung zwischen der Einstellung der Führungsperson und der Gruppenleistung von der jeweiligen Situation abhängt. In einem hypothetischen »Kontingenzmodell« gelang es ihm, die beobachteten Unterschiede auf drei Merkmale der Gruppen-Aufgaben-Situation zurückzuführen: Die affektiven Beziehungen zwischen Führungsperson und Gruppenmitgliedern, die Klarheit und Strukturiertheit der gestellten Aufgabe sowie das Ausmaß der Macht, das der Führungsperson institutionell gegeben ist. (Beispielsweise verfügt ein Vorgesetzter, der über den Verbleib eines Mitgliedes in der Gruppe, seinen Erfolg, Verdienst usw. weitgehend bestimmen kann, über mehr institutionelle Macht als ein gewählter und jederzeit absetzbarer Gruppenführer.)

Wie gesagt, diese Untersuchungen wurden an Erwachsenen durchgeführt. Sie geben jedoch erheblich Anlaß zu der Vermutung, auch bei Kindern könnte die Art der gestellten Aufgabe,

die spezifische Situation, die Auswirkungen des Erzieherverhaltens bei Kindern und Jugendlichen entscheidend mit beeinflussen.
Die oben formulierte wissenschaftliche Fragestellung lautet also genauer: Welche Verhaltensweisen von Erziehern haben *unter welchen Umständen* welche Wirkungen bei den Erzogenen?
Was Punkt vier betrifft, so sind in der letzten Zeit »gespielte« Verhaltensweisen kaum noch Gegenstand von Untersuchungen gewesen. Vielmehr hat sich die Forschung intensiv dem tatsächlich realisierten Erzieherverhalten zugewandt, das gemeinhin unter dem Begriff »Erziehungsstil« zusammengefaßt wird.
Dieser Begriff, auf den ersten Blick recht anschaulich, entfaltet seine eigentliche Problematik erst bei näherem Hinsehen. Vor allem das Wort »Stil« signalisiert, daß es sich bei dem Erzieherverhalten um etwas Ganz- und Einheitliches handelt. So definiert Eyfert (1970, S. 23): »Als Erziehungsstil wird eine Gruppe von Merkmalen des Erzieherverhaltens bezeichnet, in welcher größere gemeinsame Varianz herrscht, als nach der Variabilität aller Merkmale zufällig zustandekommen könnte, und welche Gruppe die Eigenarten in diesem Stile Erzogener genauer vorauszusagen erlaubt als Einzelmerkmale.«
Diese Definition zielt darauf ab, daß sich das Verhalten von Erziehern zwar insgesamt aus einer Reihe einzelner Verhaltensweisen zusammensetzt, diese aber in der Weise untereinander verknüpft sind, daß einige bevorzugt *gemeinsam* auftreten und sich als typische Formen beschreiben lassen.
Hieraus ergibt sich bereits die erste Frage: Gibt es eigentlich in dieser Weise vorwiegend gemeinsam auftretende Verhaltensweisen bei Erziehern? In den Untersuchungen von Lippitt und White z. B. hatten sich die Gruppenleiter bemüht, wenn sie die Regelung der Gruppenangelegenheiten durch Diskussion und Beschluß der Mitglieder anstrebten, gleichzeitig bei technischen Problemen mindestens zwei Vorschläge zur Auswahl vorzulegen, Lob und Kritik sachbezogen zu halten usw. Die Frage bleibt nur, ob auch im unbefangenen Erwachsenenverhalten diese Merkmalsgruppe vorwiegend gemeinsam auftritt oder vielmehr zufällig kovariiert. Mit anderen Worten: Sind die von Lippitt und White sowie den anderen, nach ihrer Methode arbeitenden Autoren realisierten Verhaltensformen Abbildungen tatsächlich bestehender typischer Gegebenheiten, oder müssen sie als künstliche Produkte angesehen werden?
Problematisch ist auch die geringe begriffliche Klarheit der Konzepte »autoritär« und »demokratisch«. Zwar sind sie im

Hinblick auf die Einstellungen, Meinungen und Überzeugungen der entsprechenden Persönlichkeiten fundiert (vgl. Adorno et al., 1950), dafür aber weniger im Hinblick auf die konkreten *Verhaltensweisen,* die in der sozialen Interaktion mit diesen Einstellungen verbunden sind. Gerade die Verhaltensweisen eines Erziehers sind es aber, die für die Erziehung von Bedeutung sind, denn sie stellen für den Erzogenen die Bedingungen seiner Umwelt dar. Verhaltensweisen bilden die Brücke zwischen Erzieher und Erzogenem.

Ein weiterer Nachteil dieser Konzepte ist, daß sie im Grunde genommen eine Typologie darstellen. Nach Heiß (1949) ist es das Verfahren der Typologen, »eine oder mehrere beherrschende Linien herauszuarbeiten und nachzuweisen, wie das bewegliche Ganze durch sie geprägt wird. Notwendigerweise wird so nur erkannt, was sich dem beherrschenden Prinzip einfügt« (S. 106). Es läßt sich aber weiterhin die Frage stellen, was denn nun eigentlich zum beherrschenden Prinzip erklärt werden soll, wobei sich recht bald zeigt, daß dies mehr oder weniger zufällig vom speziellen Interesse des jeweiligen Forschers abhängt.

Die Erforschung von Zusammenhängen zwischen Erzieherverhalten und dessen Auswirkungen beim Erzogenen sollte aber möglichst nicht von derartigen Zufälligkeiten abhängen, sondern voraussetzungsloser orientiert sein, als dies unter typologischem Ansatz möglich ist. Zudem haben Typologien den Nachteil, nur einen kleinen Teil des untersuchten Gegenstandsbereiches zu erfassen, eben den der typischen Fälle. Die Behandlung der Mischtypen bleibt ein ungelöstes Problem.

Nicht zuletzt enthält die Terminologie »autoritär« und »demokratisch« eine Wertung, die nur zu leicht dazu führen kann, bei der positiv bewerteten Bezeichnung auch günstige Auswirkungen zu erwarten (und prompt auch zu finden). Wissenschaftliche Forschung sollte es vermeiden, ihre Ergebnisse durch wertende Terminologie im voraus zu beeinflussen.

Schließlich sind Typologien ganzheitliche Konzepte, die nur zu leicht vergessen lassen, nach den eigentlichen verursachenden Bedingungen zu suchen, die in den spezifischen Verhaltensweisen des Erziehenden bzw. in deren charakteristischen Kombinationen liegen dürften.

3.2 Dimensionsorientierte Konzepte

Wie soeben dargestellt, war ein großer Teil der Untersuchungen zum Erzieherverhalten und seinen Auswirkungen bei den Erzogenen typologisch und ganzheitlich orientiert. Ein anderer Teil konzentrierte sich auf einzelne Merkmale, sei es, daß ein bestimmtes Merkmal des Erzieherverhaltens allein und für sich auf seine Auswirkungen hin untersucht wurde, sei es, daß ein einzelner Persönlichkeitszug herausgegriffen wurde, um ihn auf seine Entstehungsbedingungen in der Erziehung hin zu erforschen (vgl. Slater, 1962). Erst später ging man dazu über, ganzheitliche Aspekte zu bearbeiten, ohne dabei unkontrollierter Intuition Raum zu geben. Folgende Gesichtspunkte kristallisierten sich dabei heraus:

Die Beschreibung von Erziehungsvorgängen ist Beschreibung der sozialen Interaktion zwischen Erziehern und Erzogenen, Erwachsenen und Kindern bzw. Jugendlichen. Diese Beschreibung erfolgt unter Verwendung von Konstrukten.

Dem unbefangenen Leser mag es merkwürdig erscheinen, wenn hier von hypothetischen Konstrukten gesprochen wird, die zur Beschreibung des Erzieherverhaltens herangezogen werden, wo doch Merkmale wie z. B. Freundlichkeit im Verhalten so unmittelbar ersichtlich sind; man merkt es jemandem unmittelbar an, wenn er freundlich ist. Wir vergessen dabei aber nur allzu leicht, daß wir in unserem unmittelbaren Erleben ebenfalls ständig mit Konstrukten umgehen, allerdings ohne uns darüber Rechenschaft abzulegen. Konstrukte dienen der begrifflichen Erfassung von Gegebenheiten, die nicht direkt beobachtbar sind (vgl. eingangs S. 11 f.). Die Freundlichkeit selbst hat noch niemand gesehen oder sonstwie wahrgenommen, wir kennen lediglich eine Reihe von Verhaltensweisen oder Verhaltensformen (Lächeln, bestimmte Sprech- und Handlungsweisen usw.), die den Schluß nahelegen, der Mensch, der sie zeigt, sei freundlich. Daß dieser Schluß unreflektiert und unbemerkt vollzogen wird und daß das darauf beruhende Urteil unmittelbar gegeben und selbstverständlich erscheint, liegt an der Organisation und Funktionsweise unseres psychischen Apparats, der die Eindrücke aufnimmt und verarbeitet, nicht am Gegenstand selbst. Wissenschaftliche Forschung ist aber bestrebt, die hierin verborgenen Fehlerquellen zu umgehen bzw. aufzudecken und zu kontrollieren.

In diesem Sinn ist Erziehungsstil ein übergreifendes Konstrukt zur Beschreibung der sozialen Interaktion zwischen Erzieher und Erzogenem unter spezieller Berücksichtigung des Erzieherverhaltens, soweit es für die Entwicklung des Erzogenen von Belang ist. Es gliedert sich in eine Reihe von Dimensionen auf, die ihrerseits Konstrukte elementarer Form darstellen und anhand direkt beobachtbarer Verhaltensmerkmale zu definieren sind. Eine Dimension ist die Anordnung von Objekten unter gleichem oder ähnlichem Aspekt nach dem Gesichtspunkt des »mehr« oder »weniger«. Man geht von der Annahme aus, daß unterschiedlichen Erziehungsstilen unterschiedliche Erziehungsergebnisse entsprechen. Das Hauptproblem besteht nunmehr darin, repräsentative Dimensionen aufzufinden und meßbar zu machen.

Herrmann et al. (1968) haben die wesentlichen Gesichtspunkte zusammengestellt, die hier zu berücksichtigen sind. Hiernach besteht die Hauptrichtung der sozialen Interaktion im Erziehungsgeschehen von den Eltern aus in Richtung auf die Kinder. Allerdings besteht außerdem eine Rückmeldung in umgekehrter Richtung: Eltern und Erzieher reagieren ihrerseits auf das Verhalten der Erzogenen und stellen sich darauf ein.

Seitens der Erzogenen sind deren Leistungen und Verhaltensweisen von Interesse, die entwickelten Einstellungen, Motive und kognitiven Schemata sowie die Art und Weise, wie sie ihre Erzieher wahrnehmen. Bei den Eltern bzw. Erziehern wiederum ist die Art und Weise, wie sie ihre Kinder sehen, von Bedeutung, die Einstellungen, die ihren Erziehungszielen zugrunde liegen, schließlich die Erziehungspraktiken, d. h. die Maßnahmen, die zum Erreichen der Erziehungsziele ergriffen werden und sich als Erzieherverhalten äußern. Hinzu treten zusätzliche äußere Bedingungen, wie z. B. das Alter des Kindes, die Rolle, die der Erzieher einnimmt (Vater, Mutter, Lehrer usw.) und die Rolle, die dem Kind je nach Situation zukommt.

Die Frage bleibt jedoch, wo die Kausalbedingungen für die Wirkung eines bestimmten Erziehungsstils zu suchen sind. Wir haben bereits festgestellt, daß sie in den Verhaltensweisen des Erziehers liegen. Ausubel (1958) betont in diesem Zusammenhang, der vom Kind wahrgenommene Erziehungsstil sei eigentlich entscheidend, nicht der, den ein neutraler Beobachter registriert. Dies klingt zunächst plausibel, denn nur das kann psychische Wirkungen zeigen, was in irgendeiner Form zur Erfahrung des Beeinflußten gelangt. Dem ist aber zweierlei entgegenzuhalten: Erstens mag dies zwar für den akuten Moment, in dem ein Lerneinfluß wirksam wird, seine Gültigkeit haben. In der Forschung fällt jedoch dieser Moment in der Regel nicht mit dem der Registrierung zusammen. Meist berichten Erzogene über mehr oder weniger lange Zeit vergangenes Erzieherverhalten, also aus der Erinnerung. Was wir dann registrieren, ist nicht das wahrgenommene, sondern das erinnerte Erzieherverhalten mit all den Verfälschungsmöglichkeiten, denen es in der Erinnerung ausgesetzt ist. Zweitens weisen Untersuchungsergebnisse aus der Psychotherapie darauf hin, daß die Beurteilung des Therapeutenverhaltens durch neutrale Beobachter unter Umständen stichhaltiger sein kann als Aussagen der Klienten (R. Tausch, 1970, S. 85). Zwischen Psychotherapie und Erziehung besteht bei aller Unterschiedlichkeit eine Vergleichbarkeit immerhin insofern, als in beiden Fällen soziale Interaktion stattfindet mit dem Ziel, Veränderungen im Erleben und Verhalten zu erzielen. Es dürfte zumindest zweckmäßig sein, Einschätzungen durch neutrale Beobachter nicht zu vernachlässigen.

Das Ehepaar Tausch und Mitarbeiter haben sich in ihren Untersuchungen u. a. intensiv mit der Beobachtung des Erzieherverhaltens durch neutrale Beurteiler, vor allem bei Lehrern befaßt (vgl. Tausch und Tausch, 1970). Als registrierbar werden dort bestimmte Einzelmerkmale angegeben (z. B. Häufigkeit von Lehrerfragen, Anzahl der von Lehrern gesprochenen Worte, Gebrauch von Schimpfwörtern) sowie das Ausmaß komplexerer Verhaltensmerkmale aufgrund von Einschätzungen (z. B. wertschätzend gegenüber geringschätzend, aktiv gegenüber passiv, leistungsorientiert gegenüber personorientiert). Aufgrund der Durchsicht der einschlägigen Literatur und von eigenen Untersuchungen kommen Tausch und Tausch zu dem Ergebnis, daß sich das Verhalten von Erziehern in der Praxis durch zwei faktorenanalytisch begründete Hauptdimensionen beschreiben läßt (zur Methode der Faktorenanalyse vgl. Überla, 1968):

a) Maximale Lenkung, Dirigierung und Kontrolle gegenüber minimaler Lenkung, Dirigierung und Kontrolle.
b) Wertschätzung, emotionale Wärme und Zuneigung gegenüber Geringschätzung, emotionale Kälte und Abneigung.

Beide Dimensionen sind voneinander unabhängig, d. h. ein Erzieher ist durch sein Ausmaß an Lenkung und Kontrolle in keiner Weise hinsichtlich des Grades an emotionaler Wärme festgelegt. Jede Kombination beider Dimensionswerte ist denkbar. Allerdings ist bei Untersuchungen damit zu rechnen, daß sich die Erzieher in dem Wissen, beobachtet zu werden, nicht völlig echt und unbefangen verhalten, sondern so, wie sie es für erwünscht halten. Stephan (1971) beobachtete Lehrer während vier aufeinanderfolgenden Stunden und erhielt Ergebnisse, die den Schluß nahelegen, daß vor allem während der ersten, aber auch in der zweiten und vierten Stunde das Lehrerverhalten wenig echt war, während die Beobachtungen in der dritten Stunde die brauchbarsten Ergebnisse lieferten. Vermutlich war die aufmerksame Kontrolle des eigenen Verhaltens im Verlauf der vier Stunden charakteristischen Schwankungen unterworfen. Untersuchungen sollten diesen Umstand berücksichtigen.

Die Dimension maximale Lenkung/minimale Lenkung läßt sich an verschiedenen Einzelmerkmalen ablesen, die untereinander in enger Beziehung stehen. Maximale Lenkung zeigt sich im häufigen Erteilen von Befehlen und Aufforderungen, bei Lehrern in häufigen Fragen und überhaupt in einem hohen Ausmaß des Sprechens. Auswirkungen dieser Dimension auf das Verhalten der Erzogenen sind noch weitgehend unerforscht. Tausch und Tausch leiten jedoch aus Befunden der Allgemeinen Psychologie eine Reihe begründeter Vermutungen ab. Nachgewiesen ist aber u. a., daß Schüler bei stark lenkenden Lehrern im Unterricht selbst wenig sprechen (R. Tausch, 1962). Dies wird ergänzt durch andere Befunde, wonach Lehrer, die ihren Schülern mehr Gelegenheit zu eigenem Sprechen einräumen, selbst die Mitarbeit ihrer Klasse höher einschätzen (Stephan, 1971). Kinder, die von ihren Müttern stark dirigiert werden und denen wenig Selbständigkeit gewährt wird, erwiesen sich gegenüber anderen Kindern im Kindergarten feindseliger, versuchten mehr Macht auszuüben, setzten der Beeinflussung durch die Kindergärtnerin oder andere Kinder mehr Widerstand entgegen (Hoffmann, 1960) und waren hinsichtlich der Entwicklung ihrer seelisch-sozialen Schulreife im Rückstand (Heckhausen und Kemmler, 1957). Höhere Grade der Lenkung im Erzieherverhalten scheinen sich demnach ungünstig auszuwirken im Hinblick auf ein Erziehungsziel, das an Selbständigkeit, Produktivität, geringer Aggressivität in der Durchsetzung und optimaler Entfaltung vorhandener Fähigkeiten orientiert ist.

Die Dimension Wertschätzung, emotionale Wärme/Geringschätzung, emotionale Kälte ist ebenfalls an einer Reihe, untereinander in enger Beziehung stehender Einzelmerkmale abzulesen, beispielsweise aus Freundlichkeit, Höflichkeit, Verständnis und ermutigendem Verhalten von Erziehern gegenüber Erzogenen. Tausch und Tausch haben als besonders relevantes Merkmal die »Reversibilität partnerbezogener Äußerungen« herausgearbeitet, das sich durch neutrale Beobachter recht zuverlässig erfassen läßt. Es gibt den Grad an, in dem ein Erzogener gegenüber seinem Erzieher dessen sprachliche Äußerungen verwenden kann, ohne gegen Höflichkeit und Takt zu verstoßen. Ein hohes Ausmaß an Reversibilität bei Lehrern scheint nach Stephan (1971) bei Schülern zu einer erhöhten Bereitschaft sich zu melden zu führen. Möglicherweise spielt hier der Umstand eine Rolle, daß – wie sich ebenfalls zeigte – Lehrer mit geringem Ausmaß an Reversibilität häufiger Schülerantworten zurückweisen und damit entmutigend wirken. Ebenso zeigt sich aber, daß dieses Merkmal besonders leicht durch das Wissen, beobachtet zu werden, verfälschbar ist. Die Schülerreaktion ist hingegen eher übergreifend, d. h. sie ist durch das »normalerweise« gezeigte Lehrerverhalten geprägt und bleibt bei kurzfristigen Änderungen dieses Lehrerverhaltens weitgehend konstant. Eine Reihe von bei Tausch und Tausch angeführten Befunden legen nachdrücklich nahe, daß höhere Ausmaße von Wertschätzung seitens der Erzieher zu günstigen Erziehungsergebnissen im obengenannten Sinne führen, außerdem zu geringerer Häufigkeit von Störsymptomen (z. B. Delinquenz, Bettnässen, Nägelkauen usw.).

Mit Hilfe dieser Dimensionen sind auch die erwähnten Typenkonzepte beschreibbar. Die autoritäre Verhaltensform entspricht einem hohen Ausmaß an Lenkung bei mittlerem bis geringerem Grad an Wertschätzung bzw. emotionaler Wärme, während die sogenannte demokratische Verhaltensform mittlere Grade an Lenkung aufweist (und nicht, wie in manchen Popularisierungen polemisch behauptet, jeglicher Lenkung entbehrt) und von ausgeprägter persönlicher Wertschätzung charakterisiert ist. Deutlich wird hierbei aber, daß beide Typenkonzepte spezielle Kombinationen von Dimensionswerten sind, Spezialfälle, also, die zur Beschreibung der Universalität aller vorkommenden Verhaltensweisen von Erziehern wenig geeignet sind.

Andere Untersuchungen konzentrieren sich auf die Art und Weise, wie die Erzogenen ihre Erzieher wahrnehmen, wie sich die Verhältnisse aus ihrer Sicht darstellen. Fittkau (1969, zitiert nach Tausch und Tausch, 1970) erhielt bei einer Faktorenanalyse eines Fragebogens zur Charakterisierung des Lehrerverhaltens durch Schüler (adaptiert nach einem Verfahren von Fleishman und Harris) zwei Dimensionen:

a) Emotional positiv zugewandtes Lehrerverhalten (z. B. »auch wenn er Fehler entdeckt, bleibt er freundlich«, »er ist am persönlichen Wohlergehen seiner Schüler interessiert«, »in Gesprächen mit ihm schafft er eine gelöste Stimmung, so daß sich die Schüler frei und entspannt fühlen«).

b) Lenkendes-kontrollierendes Lehrerverhalten (z. B. »er entscheidet und handelt, ohne es vorher mit den Schülern abzusprechen«, »seine Anweisungen gibt er im Befehlston«).

Es wird unmittelbar deutlich, daß diese Dimensionen in inhaltlicher Hinsicht denen entsprechen, die sich für die Einstufungen durch neutrale Beobachter ergaben. Es ist aber zu berücksichtigen, daß es sich hier sozusagen um die Gesichtspunkte handelt, unter denen Urteile abgegeben werden. Damit ist noch nicht gesagt, daß Erzogene und neutrale Beobachter einen bestimmten Erzieher auch mit gleichen Dimensionswerten einstufen. Mit anderen Worten: Vergleichbarkeit der Kategorien bedingt noch nicht die gleiche Einordnung der Objekte in diese Kategorien.

Eine ähnliche Dimensionsanalyse bei gleichzeitiger Überprüfung der Erziehungswirkung bei den Erzogenen stammt von Slater (1962). Durchgeführt wurde die Untersuchung an N = 138 männlichen College-Studenten, die einerseits einen Persönlichkeitsfragebogen ausfüllten (MMPI von Hathaway und McKinley, 1940, 1943), andererseits, ebenfalls anhand eines Fragebogens, das Verhalten ihrer Eltern einstuften. Die Analyse der Fragen zur Elternbeschreibung erbrachte zwei Dimensionen, die von Slater interpretiert werden als

a) »Emotional Supportiveness and Warmth« (ESW) = emotionale Unterstützung und Wärme,
b) »Inhibitory Demands and Discipline« (IDD) = verbietende Forderungen und Disziplinierung.

Die Quadranten der durch diese Dimensionen gebildeten Ebene lassen sich nach Slater wie folgt interpretieren (vgl. Abbildung 3.1):

ESW+/IDD+ als »Parental Involvement with Child« (elterliche engagierte Verbundenheit mit dem Kind) gegenüber ESW−/IDD− »Detachment« (Absonderung) und
ESW+/IDD− als »Parental Tolerance« (elterliche Toleranz) gegenüber ESW−/IDD+ »Intolerance«.

Die Faktorenanalyse des Persönlichkeitsfragebogens ergab drei Faktoren, von denen zwei in diesem Zusammenhang von Bedeutung sind:

a) Ich-Schwäche gegenüber Ich-Stärke und
b) Introversion gegenüber Extraversion.

Auch hier lassen sich die Kombinationen der verschiedenen Faktorenpole zusätzlich interpretieren, und zwar Ich-Schwäche mit Introversion als soziale Zurückgezogenheit (»Social Withdrawal«), Ich-Stärke und Extraversion als soziale Teilnahme (»Social Participation«), Ich-Schwäche und Extraversion als Impulsivität und Ich-Stärke mit Introversion als rationale Kontrolliertheit (»Intellectual Control«).

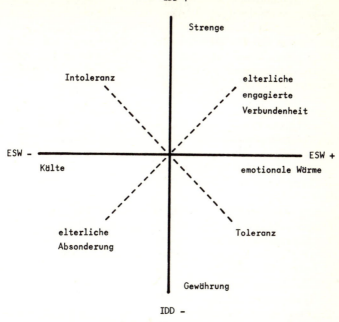

Abbildung 3.1
Beschreibungsdimensionen für das Erzieherverhalten aus der Sicht der Erzogenen nach Slater (1962). Näheres vgl. Text.

Es stellte sich nun heraus, daß zwischen Erzieherverhalten, wie es sich aus der Sicht der Erzogenen darstellt, und den Faktoren des Persönlichkeitsfragebogens Beziehungen bestehen, und zwar von der Art, daß signifikante Korrelationen zwischen Hauptdimensionen des einen und Dimensionskombinationen des anderen Merkmalsystems bestehen (etwa in der Größenordnung zwischen .2 und .3), wie sie aus Abbildung 3.2 ersichtlich sind. Diese Zusammenhänge sind relativ schwach, aber doch statistisch bedeutsam. Demnach ist Strenge im Erzieherverhalten verbunden mit Impulsivität auf seiten des Erzogenen (zu beachten ist, daß es sich um Befunde bei männlichen Probanden handelt, die nicht ohne weiteres auf weibliche übertragen werden können), Toleranz mit Ich-Stärke, gewährendes Elternverhalten mit rationaler Kontrolliertheit usw.

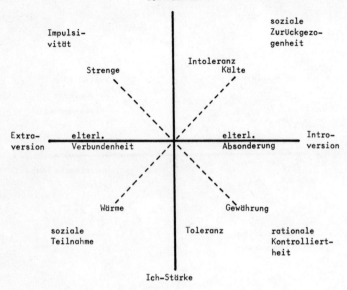

Abbildung 3.2
Beziehungen zwischen Dimensionen des Erzieherverhaltens und
Persönlichkeitsdimensionen der Erzogenen nach Slater (1962).
Näheres vgl. Text.

Soweit sie sich auf die Erzieher selbst beziehen, befassen sich die vorliegenden Untersuchungen in erster Linie mit deren Einstellungen, weniger mit ihrem konkret realisierten Verhalten. Nach Untersuchungsergebnissen von R. Tausch (1962) geben Erzieher über ihr eigenes Verhalten vermutlich nur recht unzuverlässig Auskunft. Lehrer zeigten nämlich erhebliche Diskrepanzen zwischen der Einschätzung ihres eigenen Verhaltens und dem, was objektiv registriert worden war.

Zur Ermittlung der Einstellungen von Erziehern entwickelten Schaefer und Bell (1958) einen Fragebogen unter der Bezeichnung »PARI« (parental attitude research instrument), der vielfache Verwendung gefunden hat. Eine Faktorenanalyse dieses Verfahrens durch Zuckermann et al. (1958) erbrachte, daß sich die Stellungnahmen von erwachsenen Frauen zu Aussagen über

ihre Erziehungseinstellungen durch drei Dimensionen beschreiben lassen:
1. autoritäre Kontrolle,
2. feindselige Zurückhaltung,
3. demokratische Einstellungen.

Eine Faktorenanalyse von Schaefer (1961) führte ebenfalls zu drei Faktoren, die denen von Zuckermann und Mitarbeitern in inhaltlicher Hinsicht entsprechen. Nichols (1963) erhielt für Väter eine ähnliche Faktorenstruktur, so daß diese Lösung wahrscheinlich generelle Gültigkeit beanspruchen kann.

Etwas problematisch ist die Ermittlung von Beziehungen zwischen diesen Dimensionen des Erzieherverhaltens und Persönlichkeitsmerkmalen der Erzogenen. Becker und Krug (1965) berichten in ihrem Sammelreferat über eine Reihe von Untersuchungen, in denen eine Anzahl von Einzelergebnissen erzielt wurde. Es zeigt sich dabei aber, daß diese Ergebnisse vom Geschlecht des jeweiligen Elternteils, dem des Kindes sowie von der sozialen Schicht, denen sie angehören bzw. dem Bildungsgrad der Eltern abhängen. Außerdem zeigte sich, daß die Ergebnisse des PARI häufig im Sinne der sozialen Erwünschtheit von den Eltern verfälscht werden.

Insgesamt gesehen läßt sich das Verhalten von Müttern (nach Schaefer, 1961) anhand zweier Dimensionen beschreiben: Autonomie / Kontrolle und Feindseligkeit / liebevolles Verhalten, zwei Dimensionen, die wiederum denen ähneln, die sich für die durch neutrale Beobachter und die Erzogenen selbst vorgenommenen Einstufungen ergeben hatten.

Die Vielzahl konsistenter Ergebnisse zur Dimensionalität des Erzieherverhaltens mag vertrauenerweckend sein. Zu bedenken ist aber eines: Baltes (1970) stellt die Frage, ob es sich bei all diesen Untersuchungen nicht lediglich um eine Überprüfung der Konsistenz der Semantik von Beurteilern handelt anstatt einer Dimensionalität des Lehrer- und Erzieher*verhaltens*. Diese Annahme hat einiges für sich. Man müßte nur in diesem Zusammenhang »semantisch« durch »emotional« ersetzen (Ertel, 1964).

Nach Untersuchungen von Traxel (1963) und Ertel (1964) läßt sich die Vielfalt der Gefühlserlebnisse anhand dreier bipolarer Dimensionen beschreiben, den Dimensionen »Erregung«, »Valenz« und »Potenz«.

Die erste Dimension »Erregung« bzw. »Aktivierung« ist gekennzeichnet durch die Pole »erregend, Spannung verursachend, aktivierend« auf der einen Seite, »beruhigend, entspannend, dämpfend« auf der anderen.

Die zweite Dimension »Valenz« erstreckt sich zwischen den Polen »angenehm, lustvoll« einerseits und »unangenehm, Unlust verursachend« andererseits.

»Potenz« als dritte Dimension der Gefühlserlebnisse wird durch die Pole »mächtig, überlegen wirkend« einerseits und »schwach, unterlegen wirkend« andererseits charakterisiert.

Es drängt sich nun die Vermutung auf, zwei dieser Dimensionen des emotionalen Raumes könnten den geschilderten Dimensionen des Erzieherverhaltens entsprechen. Es hat den Anschein, daß »emotionale Wärme, Wertschätzung und Unterstützung« der Dimension »Valenz« gleichkommt. Offenbar handelt es sich bei den entsprechend positiv eingestuften Verhaltensweisen der Erzieher um solche, die dem Einstufer als angenehm und erstrebenswert erscheinen, umgekehrt bei den dem entgegengesetzen Pol zugeordneten Verhaltensweisen. Ebenso dürfte das Ausmaß der Dirigierung, Lenkung und Kontrolle mit dem Grad zusammenhängen, in dem ein Erzieher tatsächlich oder im Erleben der Beurteiler die Tendenz zeigt, eine Machtposition zu erwerben bzw. die Möglichkeiten einer Machtposition auszunutzen und im Verhalten zu demonstrieren. Damit würde diese Dimension der Gefühlsdimension »Potenz« entsprechen. Allerdings handelt es sich dabei vorläufig noch um hypothetische Vermutungen.

Eine Bestätigung dieser Vermutungen würde die in den genannten Arbeiten erzielten Ergebnisse nicht entwerten, andererseits aber klarstellen, daß nicht die Verhaltensweisen als solche, sondern die durch sie ausgelösten Gefühlsreaktionen erfaßt werden. Die pädagogisch-psychologische Fragestellung bestünde dann darin, zu klären, welche Gefühlserlebnisse durch welche Verhaltensweisen von Erziehern bei Kindern je nach Situation ausgelöst werden, weiterhin, welche Auswirkungen die häufige Auslösung bestimmter Gefühlserlebnisse auf die Persönlichkeitsentwicklung hat. Damit wäre allerdings auch nur ein Teilaspekt des Gesamtproblems »Erziehungsstile« angeschnitten.

Demgegenüber ist der Erziehungsstil der Eltern »in ein überaus *komplexes begriffliches Umfeld* eingeordnet und in einem kaum überschaubaren *multivariaten System empirischer Größen* verankert« (Herrmann et al., 1968, S. 78). Damit ist die Komplexität der Gegebenheiten angerissen. Sie wird noch deutlicher durch einen Katalog relevanter Aspekte, von denen nicht nur jeder einzelne für sich, sondern zusätzlich alle Wechselwirkungen zwischen ihnen zu berücksichtigen sind. (Zusammengestellt wurden sie von Herrmann et al., 1968.)

Demnach sind für das Erziehungsgeschehen und seine Auswirkungen von Bedeutung:
1. Das sozio-kulturelle Erziehungsfeld, d. h. die Gesamtheit der gesellschaftlichen und kulturellen Gegebenheiten, innerhalb deren ein Erziehungsgeschehen stattfindet.
2. Elterliche Erziehungsattitüden (Einstellungen).
3. Elterliche Erziehungspraktiken.
4. Leistungen und Verhaltensweisen der Erzogenen.
5. Attitüden (Einstellungen) des Erzogenen, seine Motive und seine kognitiven Schemata, d. h. die Art und Weise seiner Umweltwahrnehmung.
6. Bild bzw. Vorstellungen der Eltern von ihren Kindern und von der Wirkung ihrer Erziehung.
7. Bild bzw. Vorstellungen der Kinder von ihren Eltern und von deren Erziehungsattitüden und Erziehungspraktiken (S. 79 f.).

Herrmann und sein Forschungsteam unterscheiden sich im methodischen und theoretischen Ansatz grundlegend von der Mehrzahl der sonstigen Arbeiten, die nach folgender Strategie angelegt sind: Sammlung beobachtbarer Merkmale des Erzieherverhaltens; Aufsuchen der wesentlichen gemeinsamen Dimensionen; Überprüfung der Zusammenhänge zwischen Erzieherverhalten und Erzogenenverhalten. Statt dessen wird nunmehr versucht, ausgehend von allgemeinen psychologischen Gesetzmäßigkeiten und Grundlagen Hypothesen abzuleiten und im Experiment zu überprüfen. Herrmann et al. (1968, 1971) entwickelten in diesem Sinne ein »Apriori-Modell« des elterlichen Erziehungsstiles, indem sie Unterschiede elterlichen Erziehungsverhaltens einerseits und deren Wirkung auf die Erzogenen andererseits aus einigen Prinzipien der elementaren Lernpsychologie ableiten. Sie unterscheiden zwei Komponenten elterlicher Erziehung:

a) Elterliche Strenge: Die Neigung von Eltern zu negativer Bekräftigung, d. h. zum Aufrichten von Verboten und zu teils recht heftigen Strafen, um diese durchzusetzen.
b) Elterliche Unterstützung: Neigung der Eltern zu positiver Bekräftigung, d. h. zu einem Erziehungsverhalten, in dem positive Ziele und erwünschte Verhaltensweisen im Vordergrund stehen. Bevorzugtes Erziehungsmittel ist hierbei die Belohnung des Kindes, wenn es Verhaltensweisen zeigt, die den elterlichen Wunschvorstellungen entsprechen.

Beide Komponenten werden als kontinuierliche Dimensionen gesehen, die im Individualfall jeden beliebigen Ausprägungsgrad einnehmen können. Herrmann et al. (1971) entwickelten einen

Fragebogen, der es ermöglicht, diese Dimensionen aus der Sicht des Erzogenen, jeweils getrennt für Vater und Mutter, zu ermitteln. Es erwies sich dabei, daß – wie erwartet – beide Dimensionen voneinander unabhängig sind. Elterliches Verhalten kann also in diesem zweidimensionalen System jede beliebige Form annehmen.

Nach den Erkenntnissen der Lernpsychologie ist zu erwarten, daß verbotsorientiert, d. h. mit größerer Strenge Erzogene, die vermehrt negative Bekräftigungen erfahren haben, dies auch jetzt noch erwarten. Dementsprechend schränken sie ihre Aktivität ein, vor allem, wenn eine Situation für sie unübersichtlich ist. Sie vermeiden es dann, von bereits bewährten Wegen abzuweichen, die sich aus der Erfahrung oder der Meinung von Mehrheiten bzw. Autoritäten ergeben haben. Es ist zu erwarten, daß für verbotsorientiert Erzogene deshalb der Übergang von der primären sozialen Bezugsgruppe (meist der elterlichen Familie) zu anderen problematisch ist, da die vorher sanktionierten Verhaltensweisen nun nicht mehr bestraft werden. Was vorher gehemmt war, tritt nunmehr in undifferenzierter Form in Erscheinung, u. a. als Delinquenz. Diese abgeleitete Hypothese konnte bestätigt werden: 30 männliche Delinquenten im Alter zwischen 15 und 21 Jahren erlebten ihre Eltern signifikant strenger als eine äquivalente Stichprobe Nichtdelinquenter.

Dagegen ist bei gebotsorientiert, d. h. mit elterlicher Unterstützung Erzogenen, die vorwiegend positive Bekräftigungen erfahren haben, zu erwarten, daß sie mehr Aktivität entfalten, ihrer Umgebung aufgeschlossener und zugewandter gegenübertreten und damit bessere Voraussetzungen für die Entwicklung der Intelligenz haben. Tatsächlich korreliert die Intelligenzhöhe signifikant und positiv mit der Dimension »Elterliche Unterstützung« (Herrmann et al., 1968).

Eine endgültige Bewertung dieser verschiedenen Ansätze zur Erfassung und Beschreibung von Erziehungsstilen ist nach dem gegenwärtigen Stand der Untersuchungen noch nicht möglich. Auf längere Sicht hin dürfte jedoch die Strategie, theoretische Annahmen aus bekannten allgemeinen Prinzipien und Gesetzmäßigkeiten abzuleiten und experimentell zu überprüfen, erfolgversprechender sein als bloßes Sammeln und Sichten von Erziehermerkmalen mit anschließender Dimensionsanalyse. Problematisch ist hierbei nämlich, daß die jeweils benutzten statistischen Analysetechniken meist weitgehend die Ergebnisse determinieren, da hierbei Daten in einem mathematischen Modell abgebildet werden, ohne daß immer genügend klar ist, inwieweit

dieses Modell zu deren Beschreibung überhaupt angemessen ist, ob nicht andere Modelle brauchbarer wären. In diesem Sinne – wenn auch in etwas anderem Zusammenhang – zeigt Hürsch (1970), »daß es sich bei der Faktorenanalyse um ein mathematisches Modell der differentialpsychologischen Forschung und kein voraussetzungsloses Beweisverfahren handelt« (S. 11 f.).
Anders gesagt: Datenverarbeitungstechniken können eine angemessene Theorienbildung nicht ersetzen.

3.3 Einige Ergebnisse zur Auswirkung des Erzieherverhaltens auf die Erzogenen

Wie aus dem Vorhergehenden ersichtlich, gehen die verschiedenen Untersuchungen zur Auswirkung des Erzieherverhaltens auf die Erzogenen von unterschiedlichen Ansätzen zur Erfassung des Erzieherverhaltens aus. Teils werden elementare Verhaltensweisen, teils komplexere Merkmale wie Einstellungen oder Persönlichkeitszüge erfaßt, bis hin zu dimensionorientierten Untersuchungen. Im folgenden sollen exemplarisch einige Ergebnisse genannt werden. Für nähere Informationen sei auf Sears et al. (1957, 1965), Gliedewell (1961), Getzels und Jackson (1965), Herrmann (1970) sowie Glueck und Glueck (1962) verwiesen.
Eine Reihe elterlicher Verhaltensweisen und Erziehungseinstellungen wird mit deren sozialer Schichtzugehörigkeit in Verbindung gebracht, wie sie sich aus dem sozio-ökonomischen Status und – im wesentlichen damit parallel – dem Bildungsstand ergibt (vgl. Ewert, 1970). So konnte Kohn (1959, 1963) nachweisen, daß in der Arbeiterschicht die Ansicht vorherrscht, ein Kind solle sich möglichst nach den von außen gesetzten Regeln, Normen und Vorschriften richten. Demgegenüber erwies sich die Mittelschicht als mehr an den Motiven orientiert. Dort wird angestrebt, daß das Kind es lernt, sich selbst zu beherrschen und von äußeren Normen relativ unabhängig zu sein. Entsprechend ist das Strafverfahren der Eltern orientiert, das in der Unterschicht häufiger auf körperlichen Strafen basiert, während Eltern der mittleren und oberen Schicht sich eher psychisch orientierter Erziehungsmittel bedienen (z. B. Liebesentzug). Eltern der Unterschicht strafen dann, wenn der äußere Effekt der Handlungsweise des Kindes Schaden bringt, während von Eltern der Mittel- und Oberschicht mehr die hinter dem Verhalten stehende Absicht berücksichtigt wird. Ein Kind, das seiner Mutter beim Abtrocknen helfen will und dabei einen Teller zerbricht, wird, sofern seine

Mutter der Unterschicht angehört, wahrscheinlich wegen des entstandenen Schadens bestraft, gehört sie der Mittelschicht an, tröstet sie es vielleicht sogar, denn im Vordergrund steht hier die (vom Erziehungsziel her begrüßte) Absicht des Kindes, seiner Mutter zu helfen. Sie soll gefördert und keinesfalls unterdrückt werden, und sei es auf Kosten materieller Einbußen.
In gleicher Weise lassen sich mannigfach Unterschiede beschreiben, allerdings ist die Orientierung erschwert, da, wie Bronfenbrenner (1958) für den Zeitraum zwischen 1932 und 1957 nachwies, Ziele und Methoden der Erziehung sich im Verlaufe der Zeit ändern. Beispielsweise hatten ursprünglich in der Unterschicht liberalere Erziehungsauffassungen bestanden, während die Mittelschicht mehr Wert auf Strenge gelegt hatte. Dieses Verhältnis hatte sich am Ende des Untersuchungszeitraumes umgekehrt. Es ist anzunehmen, daß Ziele und Techniken der Erziehung von den Lebensbedingungen und Bedürfnissen der jeweiligen sozialen Gruppierung abhängen, außerdem noch von der Verfügbarkeit und Akzeptierung von Informationsquellen, die Meinungen und Kenntnisse über Erziehungsfragen vermitteln. Das bedeutet aber gleichzeitig auch, daß das Aufsuchen von Beziehungen zwischen Erziehermerkmalen und deren Auswirkungen bei Erzogenen wenig erkenntnisfördernd sind, solange sie lediglich am Modell der sozialen Schichtung orientiert sind und keine hinreichend sorgfältige Analyse der Gesamtsituation und der jeweils relevanten spezifischen Verhaltensweisen der Erzieher enthalten.
Eine von mehreren Möglichkeiten des Zugangs zu dieser Problematik bietet die psycholinguistische Untersuchung schichtspezifischer Spracheigenheiten und ihrer Verschränkung mit jeweils charakteristischen Formen der Erfassung und Auseinandersetzung mit der dinglichen und sozialen Umwelt (Bernstein, 1965; Oevermann, 1970 a, 1970 b). Analysen des Sprachverhaltens machen es der Forschung möglich, bestimmte Formen der Umwelterfassung zu charakterisieren. Nach dieser Theorie erfährt der heranwachsende Mensch, indem er von seiner unmittelbaren Umgebung die Sprache lernt, gleichzeitig die in ihr enthaltene Strukturierung der Welt, sowohl was die darin anzutreffenden Sachverhalte als auch die sozialen Interaktionsformen betrifft. Sprache bedeutet damit Chance und Einengung zugleich, indem einerseits Möglichkeiten der Umweltbewältigung vorgegeben oder zumindest vorstrukturiert werden, andererseits aber gleichzeitig eine weitgehende Fixierung auf diese Strukturen erfolgt, die die Auseinandersetzung mit Problemen, die dem

ursprünglichen Lebensraum fremd sind, erschweren. In einer Gesellschaft, in der verschiedene soziale Schichten vorhanden sind und gleichzeitig damit verbundene Unterschiede hinsichtlich der Kontrolle des Zuganges zu den Statuspositionen, wobei diese Kontrolle entscheidend aufgrund von Bildung und Ausbildung ausgeübt wird, sind Kinder aus der Schicht im Vorteil, deren Angehörige über die gleichen sprachlichen Codes verfügen wie die Personen, welche die Bildungsinhalte vermitteln. Kinder aus Schichten, in denen aufgrund anderer Lebensbedingungen abweichende Sprachstrukturen entwickelt wurden, sind demgegenüber im Nachteil.

Aggression als Verhaltensform bzw. Motiv von besonderer sozialer Bedeutung stand schon sehr bald im Mittelpunkt der Aufmerksamkeit, erschien es doch verlockend, ihre Ausprägung durch geeignete Erziehungsbedingungen gezielt zu beeinflussen. Zwar bestehen Hinweise, die eine Verankerung der Aggressivität im Instinktverhalten des Menschen nahelegen (Lorenz, 1963), darüber hinaus ist ihre Modifizierbarkeit durch äußere Bedingungen nicht zu bestreiten. Dollard et al. (1939) zeigten die Beziehung der Aggressivität zu voraufgegangenen Frustrationen auf, d. h. zu Verhinderungen der Befriedigung eines triebhaften Bedürfnisses. Obwohl in erster Linie für den akuten Geschehensablauf konzipiert, in dem die Verhinderung einer Bedürfnisbefriedigung zur unmittelbaren Aggression führt, wurde aus dieser Theorie die Hoffnung begründet, Aggressivität ließe sich entscheidend vermindern, wenn dem Erzogenen Frustrationen möglichst erspart bleiben. Die Gegenposition bestand in der Annahme, aggressives Verhalten könne durch seine unmittelbare Bestrafung unterdrückt werden.

Nach einer Reihe inzwischen durchgeführter Untersuchungen verschiedenster Autoren kann Kornadt (1970) zusammenfassen: »Wir wissen, daß die Idee einer strengen und harten Erziehung zur Verhinderung von Aggressivität ebenso falsch ist wie die der popularisierten Frustrations-Freiheit« (S. 177).

Charakteristisch ist in diesem Zusammenhang ein Befund von Sears et al. (1957), wonach Aggressivität durch spezifische Kombinationen von mehr oder weniger gewährendem und häufiger oder seltener strafendem Verhalten der Mutter deutlich beeinflußt wird. Bei Jungen und Mädchen war die Aggressivität deutlich vermindert, wenn die Mütter wenig gewährend waren, stärkere Kontrolle ausübten, dabei aber auch wenig straften. Demgegenüber war die Aggressivität der Kinder beiderlei Geschlechts auf das drei- bis fünffache erhöht, wenn die Mütter

häufig straften, gleichzeitig aber sich gewährend verhielten. Kontrollierende und strafende sowie gewährende und wenig strafende Mütter hatten Kinder mit mittleren Aggressivitätsraten.
Die Verhältnisse liegen also doch komplizierter als ursprünglich angenommen. Die Schwierigkeit wird erhöht, weil eine verbindliche und allgemeingültige Definition der Aggressivität bislang nicht existiert. Buss (1961) geht mehr vom Effekt aggressiver Handlungen aus, wenn er Aggression als »Reaktion, die einem anderen Objekt schädigende Reize zufügt« (S. 1) definiert. Demgegenüber stellen Sears et al. den intentionalen Aspekt in den Vordergrund, wenn sie definieren, Aggression ist »Verhalten mit der Absicht, jemanden zu verletzen oder zu beleidigen« (S. 218). Bandura und Walters (1963) weisen zusätzlich darauf hin, daß aggressives Verhalten vielfach unangepaßtes, normabweichendes Verhalten ist. Damit ist Aggressivität auch dadurch definiert, was eine Gesellschaft als aggressives Verhalten bewertet.
Berücksichtigt man zusätzlich den Gesichtspunkt des Lernens am Modell, so sind Erzieher nicht nur Instanzen, die ein bestimmtes Verhalten belohnen oder bestrafen, es damit fördern oder zu unterdrücken versuchen, sondern auch Lieferanten von Verhaltensweisen (und Strafen sind in der Regel Aggressionen), die nachgeahmt werden können, zumindest dort, wo dies nicht auf negative Folgen stößt. Somit erscheint die Entstehung der Aggressivität als Persönlichkeitszug als komplexes Geflecht von teils spontanen, teils imitierten Verhaltensweisen, die jeweils unter spezifischen situativen Bedingungen positiv bekräftigt oder bestraft wurden. Entsprechend verfügt jeder Erwachsene über ein ungemein vielgestaltiges Repertoire aggressiver Reaktionsmöglichkeiten, die je nach Situation eingesetzt werden.
Zumindest in unserer Gesellschaft ist der Lebenserfolg entscheidend mit davon abhängig, inwieweit eine Person sich als leistungsfähig erweist. Abgesehen von der Übung und Ausbildung allgemeiner oder spezifischer Begabungsvoraussetzungen und Geschicklichkeiten hängt die Leistung von der entsprechenden Motivation ab. Leistungsmotivation ist nach Heckhausen (1965) »das Bestreben, die eigene Tüchtigkeit in allen jenen Tätigkeiten zu steigern oder möglichst hoch zu halten, in denen man einen Gütemaßstab für verbindlich hält, und deren Ausführung deshalb gelingen oder mißlingen kann« (S. 604). Eltern, die an einem sozialen Aufstieg der Familie oder am Erhalt einer höheren, bereits erworbenen sozialen Position interessiert sind, versuchen, die Leistungsmotivation ihrer Kinder entsprechend zu

fördern. Dementsprechend werden von ihnen leistungsorientierte Verhaltensweisen der Kinder positiv beantwortet.

Die Eltern von sehr stark leistungsmotivierten Kindern verbreiten eine überdurchschnittlich warmherzige Atmosphäre in der Familie, während sie gleichzeitig stark leistungsbezogen sind und auf gute Leistungen mit Lob reagieren, auf schlechte mit Tadel, vornehmlich in Form von Liebesentzug (Rosen und D'Andrade, 1959). Weiterhin erwies es sich als förderlich für die Leistungsmotivation, wenn Eltern Wert auf frühe Selbständigkeit der Kinder und deren baldige Anpassung an die Erwachsenenrolle legen (Shaw, 1964). Allerdings ist hierbei wesentlich, daß es sich auf seiten der Eltern nicht um eine Bequemlichkeitshaltung handelt, die eine frühe Entlastung von der Versorgung der Kinder anstrebt, sondern um eine fördernde Einstellung. Da die Leistungsmotivation in engem Zusammenhang mit dem Selbstwerterleben steht, ist es auch von entscheidender Bedeutung, inwieweit die Erfahrungen eines Menschen im Zusammenhang mit Leistungssituationen ermutigend wirkten oder geeignet waren, wegen des zu erwartenden Mißerfolges resignierende oder gar vermeidende Reaktionen zu fördern. Hierbei kommt den Erziehern die entscheidende Schlüsselrolle zu. (Näheres zur Leistungsmotivation vgl. McClelland et al., 1953; Heckhausen, 1965, 1970.)

Weithin verbreitetes Ziel jeder Erziehung ist es, bei Kindern eine angemessene »Gewissensentwicklung« zu erreichen. Secord und Backman (1964) verstehen unter Gewissen ein »Wertsystem, das eine Person auf ihre Handlungen und Absichten anwendet, um ein Urteil über deren Richtigkeit oder Falschheit zu erlangen« (S. 553). Inhaltlich gesehen ist das Gewissen abhängig von den Normen und Werten, die in der Gesellschaft oder sozialen Bezugsgruppe, in der eine Person aufgewachsen ist, gültig und anerkannt waren. Neben diesem inhaltlichen Aspekt ist jedoch weiterhin zu fragen, inwieweit dieses Wertsystem für jeden einzelnen Verbindlichkeit erlangt, wie streng er sich daran orientiert.

Das Ausmaß dieser prinzipiellen, vom Inhalt unabhängigen Verbindlichkeit des Wertsystems wird als Stärke bzw. Schwäche des Gewissens bezeichnet. Sie ist mit abhängig von Merkmalen des Erzieherverhaltens. Eine schwache Gewissensbildung wird bedingt sowohl durch eine verwöhnende Haltung mit häufigen Belohnungen und seltenen Strafen (Levy, 1943) als auch durch ein zu reichliches Ausmaß strafenden Verhaltens der Erzieher (Goldfarb, 1943). Offensichtlich ist eine Mischung aus positiver

Zuwendung und Strenge eine optimale Voraussetzung für eine starke Gewissensbildung (Sears et al., 1957), während übermäßige Skrupelhaftigkeit die Folge ist, wenn Lob und Strafe unregelmäßig und nach einem für den Erzogenen nicht mehr überschaubaren Prinzip verabfolgt werden (Mowrer, 1950; vgl. auch weiter oben S. 47 f. die unregelmäßig intermittierende Verstärkung).

Besondere Beachtung wurde dem Verhältnis zwischen der Mutter und dem noch sehr kleinen Kind gewidmet. Ribble (1943) machte bereits sehr bald auf die Bedeutung des »mothering«, d. h. des Bemutterns, Pflegens und liebevollen Umganges mit dem neugeborenen Kind aufmerksam (vgl. auch Yarrow, 1961). Enger körperlicher und zärtlicher Umgang mit dem Kind, ebenso die sprachliche Kontaktaufnahme fördern dessen Entwicklung, deren Ausbleiben führt andererseits zu Schädigungen, die allerdings meist recht unspezifisch und wenig präzise voraussagbar sind. Allgemein handelt es sich dabei in der Regel um ein Zurückbleiben der allgemeinen und intellektuellen Entwicklung sowie um Störungen der Anpassungsfähigkeit.

Besonders schwerwiegende Reaktionen finden sich bei Kindern offensichtlich dann, wenn innerhalb des ersten Lebensjahres eine Trennung des Kindes von der Mutter für längere Zeit erfolgt. Nach Spitz (1969) neigen die Kinder dann zunächst zu Weinerlichkeit, die sich steigert und im Laufe der Zeit in Ablehnung des Kontaktes und schließlich in lethargische Starre übergeht. Verbunden damit sind Abnahme des Körpergewichts, Schlaflosigkeit und Unruhe. Die Entwicklung stagniert, die Anfälligkeit für Krankheiten ist deutlich erhöht. Dieses als »anaklitische Depression« bezeichnete Syndrom zeigt sich in seiner typischen Ausprägung nur dann, wenn vorher eine enge positive Beziehung zwischen Mutter und Kind bestand.

Dauert die Trennung von Mutter und Kind nicht länger als fünf Monate, so bildet sich dieses Syndrom wieder zurück. Allerdings vermutet Spitz auch dann, daß »Narben« bleiben. Eindeutige Belege fehlen allerdings. Bei einer längeren Trennungsdauer ergibt sich das Bild des »Hospitalismus«, wobei zu den Symptomen der anaklitischen Depression eine Verlangsamung der Motorik, völlige Passivität, Absinken des Entwicklungsstandes sowie eine drastisch erhöhte Sterblichkeitsrate hinzutreten.

Die Interpretation dieser Erscheinungen ist noch immer recht unsicher, zumal ausreichende Befunde unter sorgfältig kontrollierten und variierten Bedingungen bislang fehlen. Folgende

Fragen bedürfen einer endgültigen Klärung: Inwiefern sind die hier berichteten Entzugserscheinungen mit der Behinderung primären Lernens und den Folgen sensorieller Deprivation vergleichbar? In Tierversuchen konnte mehrfach nachgewiesen werden, daß der körperliche Zustand sowie die Aktivität und Lernfähigkeit um so günstiger entwickelt waren, je mehr die Versuchstiere einer vielfältigen und anregenden Umgebung ausgesetzt waren (vgl. Grossmann und Grossmann, 1969). Demnach bewirkt eine erhöhte sensorielle Stimulation (anfassen, streicheln, verabreichen leichter Stromstöße, Hitze-, Kälte-, Licht- und Schallreize) bei Versuchstieren in frühem Entwicklungsstadium, d. h. vor und kurz nach der Entwöhnung von der Mutter, vermehrte Körpergröße und Gewicht, größere Widerstandskraft gegenüber Streß und Krankheit, geringere Ängstlichkeit in neuer Umgebung, schnelleres Lernen und größere Dominanz im Gruppenverband.

Es wäre immerhin möglich, daß die Mutter das Kind, wenn sie sich intensiver mit ihm beschäftigt, mit derartigen Entwicklungsreizen versorgt. Spitz verneint hingegen die Möglichkeit, sensorielle und affektive Entzugserscheinungen gleichzusetzen und betont die Reversibilität (Korrigierbarkeit) der Folgen sensorieller Entzugserscheinungen im Unterschied zu den affektiven, deren Folgen nicht behebbar seien (vgl. aber auch weiter oben S. 50 f.).

Eine weitere Frage geht dahin, inwieweit die Beziehungsperson des Säuglings und Kleinkindes konstant bleiben muß. In der ersten Zeit der Hospitalismusforschung ist sicher die Bedeutung der leiblichen Mutter häufig in romantisierender Weise überbetont worden. Sie ist vielmehr gegen jede Person austauschbar, solange diese die notwendigen Funktionen ebenso erfüllt. Problematisch ist aber nach wie vor, inwieweit eine *konstante* Beziehungsperson erforderlich ist. Erfahrungen aus israelischen Kibbuz-Kinderhorten, in denen die Kinder zwar recht intensiv, aber von wechselnden Personen betreut werden (Bettelheim, 1969) und sich dabei positiv entwickeln, scheinen der ursprünglichen Ansicht zu widersprechen, wonach eine ungestörte Entwicklung nur bei konstanter Beziehungsperson möglich ist. Unter Umständen gibt hier die Antwort auf eine weitere Frage Aufschluß: Welche Rolle spielen die Bedingungen, denen das Kind ursprünglich ausgesetzt war? Es ist möglich, daß Kinder, die von Anfang an mit wechselnder Bezugsperson aufgewachsen sind, sich ungestört entwickeln, während solche, die eine konstante Bezugsperson verloren haben und nunmehr wechselnder Be-

treuung ausgesetzt sind, in ihrer Entwicklung beeinträchtigt werden.
Dies zeigt, wie sehr wir bei den Beziehungen zwischen bestimmten Umweltbedingungen (hier Erziehereinflüssen) und deren Wirkung auf Kinder und Jugendliche mit komplizierten und verwickelten Verhältnissen rechnen müssen. Einfache Ursache-Wirkungs-Relationen sind in der Regel nicht vorhanden bzw. werden oft nur vorgetäuscht. Ein Beispiel mag die Wirkung des Stillens auf die spätere Entwicklung der Säuglinge darstellen. Nach psychoanalytischer Auffassung ist mit dem Stillen nicht nur die Funktion der Nahrungsaufnahme verbunden, vielmehr ist der dabei vorhandene emotionale Kontakt sowie die libidinöse Befriedigung (elementarer Lustgewinn durch das Saugen an der Mutterbrust) von entscheidender Bedeutung für die spätere Entwicklung. Die Frustration (Enttäuschung, Versagung) dieses zusätzlichen Bedürfnisses führe später zu geringem Selbstvertrauen. Thomae et al. (1962) konnte sogar nachweisen, daß zwölfjährige Kinder, die als Säuglinge nur kurz gestillt worden waren, tatsächlich häufiger »unsicher« waren als solche mit längeren Stillzeiten.
Fraglich ist nur, ob es sich hier tatsächlich um ein einfaches Ursache-Wirkungs-Verhältnis handelt, oder ob nicht die Stillzeit ihrerseits lediglich Symptom anderer Entwicklungsbedingungen ist, die eigentlich für den beobachteten Effekt verantwortlich zu machen sind. So könnte in dem genannten Fall die Stillzeit Symptom für das Ausmaß gezeigter mütterlicher Wärme und Zuwendung sein, die eigentlich entscheidend für die spätere Selbstsicherheit des Kindes wäre. Allgemein kommen Sears et al. (1957) zu dem Ergebnis, daß Zeitpunkt und Methode des Abstillens und der Reinlichkeitserziehung Ausdruck der elterlichen Erziehungshaltung seien, die sich ihrerseits bei den Kindern auswirkt.
Der Zusammenhang zwischen Erziehungshaltung der Eltern und bestimmten Erziehungsmaßnahmen kann darüber hinaus noch je nach kulturellem Milieu, Zeitgeist und anderen äußeren und inneren Bedingungen wechseln. Beispielsweise wurde die Frage aufgeworfen, ob Säuglinge nach einem festen Plan zu ganz bestimmten Zeiten gefüttert werden sollten oder ob es günstiger sei, dann zu füttern, wenn das Kind von sich aus danach verlangt.
Zu der Zeit, als Sears et al. (1957) ihre Untersuchungen durchführten, wurde nach ihren Angaben von den Kinderärzten die Fütterung nach festem Zeitplan empfohlen. Dieser Rat wurde

nun vorwiegend von selbstunsicheren und ängstlichen Müttern befolgt. Eine festgestellte Beziehung zwischen der Art des Fütterns und bestimmten Persönlichkeitszügen bei den Kindern hätte nun ebensogut auf der Ängstlichkeit der Mutter beruhen können oder gar auf einer Wechselwirkung zwischen Ängstlichkeit und Fütterungsplan der Mutter.

Es mag deutlich geworden sein, daß die Forschung in diesem Bereich mit komplexen Verhältnissen rechnen und entsprechend viele Bedingungen gleichzeitig unter Kontrolle halten muß. Entsprechend langsam ist der Erkenntnisfortschritt.

In den meisten Untersuchungen ist zudem das Elternverhalten so eingesetzt, als handle es sich dabei um eine unabhängige Variable. Diese Annahme trifft indessen sicher nicht zu. Denn zum einen ist das Erzieherverhalten abhängig von den sozio-kulturellen Bedingungen. Jeder, der eine Familie beobachtet, weiß, wie sehr Erziehungsziele und -maßnahmen von Großeltern, Nachbarn, Freunden der Eltern usw. mit beeinflußt sind, wenn auch das Ausmaß dieses Einflusses von Fall zu Fall wechseln mag. Vor allem aber auch ist das Erzieherverhalten mit eine Funktion des Verhaltens des Erzogenen, und zwar nicht nur im Augenblick, sondern auch hinsichtlich längerfristiger Veränderungen, beispielsweise, wenn Eltern mit strenger Erziehungsauffassung aufgrund entsprechender Erfahrungen mit ihren Kindern zunehmend liberaler werden.

4 Probleme und Methoden der Personenbeurteilung

Pädagogik ist in der Regel zielorientiert, d. h. ausgerichtet auf eine Vorstellung darüber, was als Ergebnis der Erziehung angestrebt werden soll. Maßnahmen und Verhaltensweisen des Erziehers werden danach ausgewählt, welche am besten geeignet erscheinen, das angestrebte Ziel zu erreichen.

Dieses Modell mag als eine idealisierte Vorstellung dessen erscheinen, was tatsächlich und alltäglich zwischen Erziehern und Erzogenen abläuft, werden doch Eltern oder Lehrer bei ihrem »normalen« Verhalten Kindern und Jugendlichen gegenüber kaum stets ihre Erziehungsmaximen vor Augen haben. Vielmehr dürfte es sich vielfach um unmittelbare Formen der sozialen Interaktion handeln, die mehr oder weniger unreflektiert ablaufen. Zumindest aber dann, wenn Erzieher bewußt »pädagogisch handeln« und wenn sie sich vor verschiedene Möglichkeiten des Verhaltens gestellt sehen, dürfte dieses Modell Gültigkeit beanspruchen können.

Wer vor Alternativen gestellt wird, muß eine Entscheidung treffen. Will er sie nicht dem Zufall überlassen, sondern seinen Wünschen und Zielen möglichst direkt näherkommen, so wird er nach Informationen suchen, die geeignet sind, seine Wahl auf die zweckmäßigste Alternative zu lenken. Solche Informationen werden sich zunächst auf den Erzogenen beziehen, dessen Zustand, persönliche Eigenarten usw. Je nachdem, wie diese Informationen ausfallen, wird der Erzieher eine Diskrepanz zwischen dem jetzigen Zustand des Erzogenen und den gesetzten Zielen feststellen. Er wird dann unter den ihm verfügbaren Alternativen diejenige auswählen, die geeignet erscheint, die festgestellte Diskrepanz zu vermindern – findet er keine geeignete, so wird er nach neuen Alternativen suchen oder seine Ziele ändern. Ist eine bestimmte Maßnahme getroffen, so wird deren Erfolg beobachtet, es gilt also wieder, Informationen über den Zustand des Erzogenen zu sammeln.

Was hier abstrakt und formal klingen mag, findet in Wirklichkeit und im vorwissenschaftlichen Bereich tagtäglich statt. Nehmen wir an, ein Junge (Hans) hat einen anderen (Fritz) verprügelt und dessen Eltern suchen nun den Vater von Hans auf, um sich zu beschweren. Nehmen wir weiter an, der Vater von Hans besitzt genügend Souveränität, um Abstand gegenüber den Eltern von Fritz zu bewahren und weder deren Verlangen nach einem exemplarischen Strafgericht unbesehen nachzukommen, noch automatisch in aggressive Abwehrstellung überzugehen.

Es bestehen mehrere Alternativen des Handelns, u. a. bestrafen, darüber hinwegsehen, Hans bestärken, vielleicht mit dem Zusatz, es das nächstemal nicht gar zu heftig zu treiben usw. Welche Alternative der Vater ergreift, wird davon abhängen, wie er Hans und dessen Motivlage bei der Prügelei beurteilt und welche Erziehungsziele er verfolgt. Hält er ihn für einen schüchternen und ängstlichen Jungen, der eigentlich lernen sollte, sich wirksam unter seinesgleichen durchzusetzen, so wird der Vater wohl anders handeln, als wenn er in ihm ein aggressives Kind sieht, das endlich einmal lernen sollte, Schwächere nicht zu drangsalieren.

Jeder Erzieher, der bei einer Erziehungsmaßnahme die individuelle Eigenart und die spezifische innere Situation des Erzogenen berücksichtigt, nimmt eine Persönlichkeitsbeurteilung vor. Die Chance, die »richtige« d. h. zweckmäßige Maßnahme auszuwählen, hängt u. a. davon ab, inwieweit diese Persönlichkeitsbeurteilung zutreffend ist. Je mehr außerdem von einer Maßnahme abhängt oder je dringender eine solche notwendig erscheint, um so zuverlässigere Informationen sind notwendig. Ersteres ist beispielsweise der Fall, wenn es um die Frage geht, welche weiterführende Schule ein Kind nach Beendigung der Grundschule besuchen soll, letzteres etwa, wenn sogenannte Erziehungsschwierigkeiten auftreten, wenn wesentliche Ziele der Erziehung ernsthaft in Frage gestellt sind.

Andere Situationen, in denen Informationen angestrebt werden, die als Persönlichkeitsbeurteilungen gelten können, sind dann gegeben, wenn der Erfolg pädagogischer Maßnahmen überprüft werden soll, beispielsweise, wenn ein Lehrer das Ergebnis seiner didaktischen Bemühungen kontrollieren möchte.

In der pädagogischen Wirklichkeit wiederholen sich bestimmte Fragestellungen in gleicher oder ähnlicher Form bei einer Vielzahl von Fällen. So stellt sich beim Schuleintritt die Frage, inwieweit ein Kind den Anforderungen des Unterrichts in der Elementarklasse gewachsen ist. Während des Schulbesuchs sind die erbrachten Leistungen zu überprüfen, beim Übergang von der Grund- zur weiterführenden Schule ist die angemessene Schulart zu finden, die Frage der Berufswahl und der entsprechenden Vorbereitung hierauf erfordert ebenfalls Beurteilungsleistungen.

In der pädagogischen Tradition wurde eine Reihe von Auswahlkriterien entwickelt (z. B. das Alter für den Schuleintritt, die Aufnahmeprüfung für den Übergang auf das Gymnasium, Klassenarbeiten und ihre Zensierung für den Lernfortschritt). Diese sind in den letzten Jahren teilweise recht herber Kritik ausgesetzt worden. Sie stützte sich einmal auf die Schwächen und immer deutlicher sichtbar gewordenen Fehlerquellen dieser Verfahren, zum anderen auf den Vergleich mit den Beurteilungs- und Meßverfahren, die in der Psychologie entwickelt und theoretisch unterbaut worden waren.

Nachdem immer mehr die Möglichkeit besteht, mittels angemessener Beurteilungsverfahren den Erfolg bestimmter Erziehungsmaßnahmen und -techniken zu kontrollieren, ist auch zunehmend zu fordern, daß Erziehungsziele in einer Weise formuliert werden, die sie einer konkreten Überprüfung zugänglich machen. Aussagen, die dieser Bedingung nicht entsprechen, können zu einer Diskussion im Sinne eines Meinungsaustausches führen, bleiben aber letztlich unverbindlich, solange sie nicht empirisch überprüfbar sind. Sie sind lediglich vom Konsensus der Meinungen abhängig.

Aufgabe der Pädagogischen Psychologie ist es geworden, die Verfahrensweisen der Psychologischen Diagnostik und die dort erarbeiteten Theorien auf den pädagogischen Bereich zu übertragen. Einerseits ist es möglich, psychodiagnostische Untersuchungsverfahren (Tests) teilweise direkt bei pädagogischen Fragestellungen anzuwenden, vor allem, wenn diese von vorneherein für eine entsprechende Anwendung vorgesehen sind. Vor allem aber ermöglichen andererseits die entwickelten Methoden der Konstruktion und Überprüfung von Testverfahren, geeignete Beurteilungsinstrumente für pädagogische Fragestellungen zu entwickeln oder bereits vorhandene Verfahren entsprechend zu überprüfen.

An dieser Stelle sollen die wesentlichen Gesichtspunkte psychologischer Diagnostik kurz erörtert werden. Ein ausführlicher Überblick über psychologische Untersuchungs- und Beurteilungsverfahren findet sich u. a. bei Heiß (1964), eine eingehende Darstellung der Konstruktion und Überprüfung von Testverfahren gibt Lienert (1969), während Belser (1967) eine elementare Einführung verfaßte. Drenth (1969) erörtert darüber hinaus Probleme, die sich allgemein im Zusammenhang mit Aufgaben der psychologischen Diagnostik ergeben. Enger im Zusammenhang mit speziell pädagogischen Fragen steht die Darstellung von Chauncey und Dobbin (1968).

4.1 Die Gütekriterien psychologischer Tests

Soll ein psychologischer Test (oder ein anderes Meßverfahren) angewendet werden, so muß zuvor geklärt sein, ob er überhaupt als qualifiziert gelten kann. Um seine Qualifikation überprüfen zu können, wurde eine Reihe von Kriterien entwickelt, die als Voraussetzungen jeglichen Messens gelten können. Danach muß eine Messung objektiv, d. h. in ihrem Ergebnis allgemeinverbindlich sein, außerdem zuverlässig, d. h. man muß sich darauf verlassen können oder doch zumindest in der Lage sein, Meßfehler ihrer wahrscheinlichen Größe nach abzuschätzen. Weiterhin muß sie gültig sein, denn der ermittelte Meßwert muß sich auch tatsächlich auf das Merkmal beziehen, das eigentlich gemessen werden soll. Schließlich muß jede Messung vergleichbar sein, d. h. sich auf einen geeichten Maßstab beziehen.

Das Testgütekriterium der *Objektivität* ist dann gegeben, wenn verschiedene Untersucher und Auswerter eines Tests zu übereinstimmenden Ergebnissen kommen. Ein Testresultat ist wertlos, wenn unklar bleibt, ob es, so wie es ausgefallen ist, eher für den Untersuchten oder den Untersucher charakteristisch ist.

Dem Ziel der Objektivitätssteigerung dient zunächst die Standardisierung der Untersuchungssituation. Bei jedem psychologischen Test ist festgelegt, welche Erklärungen dem Untersuchten gegeben werden, in welcher Reihenfolge die einzelnen Aufgaben gestellt werden, welches Material vorgelegt wird usw.

Ebenso eindeutig muß die Auswertung der Testprotokolle fixiert sein, damit verschiedene Auswerter auch tatsächlich zu identischen Ergebnissen kommen. Inwieweit dies gelingt, hängt nicht zuletzt von der Art der Fragen und der Form ab, in der der Untersuchte seine Antworten geben soll. Hat er nur aus verschiedenen Lösungsvorschlägen den richtigen herauszusuchen, so ist auch die Feststellung eindeutig möglich, ob die richtige gefunden wurde. Etwas komplizierter sind die Verhältnisse, wenn die Beantwortung frei erfolgt, etwa, wenn die Bedeutung eines Wortes vom Untersuchten mit eigenen Worten erklärt werden soll. Es ist dann nicht immer leicht, die Auswerteregeln so zu formulieren, daß der Ermessensspielraum des Auswerters gering bleibt und ist dann notwendig, das Ausmaß der Übereinstimmung zwischen verschiedenen Auswertern (Auswerterobjektivität) im Experiment eigens zu überprüfen und mittels geeigneter statistischer Techniken abzuschätzen. Bei unbefriedigenden Ergebnissen müßten die Auswerteregeln nochmals überarbeitet und präzisiert werden.

Die *Zuverlässigkeit* oder *Reliabilität* eines Testverfahrens ist der Grad des Vertrauens, das man in ein Meßergebnis setzen kann. Vertrauen wird um so gerechtfertigter sein, je genauer die Ergebnisse zweier zu verschiedenen Zeitpunkten vorgenommener Messungen desselben Merkmals am gleichen Objekt miteinander übereinstimmen. Die Technik zur Bestimmung dieser »Testwiederholungsreliabilität« besteht darin, daß eine Stichprobe von Probanden mit dem betreffenden Test untersucht wird. Zu einem späteren Zeitpunkt erfolgt eine neue Untersuchung. Daraufhin werden die Ergebnisse des ersten (Initial-) Tests mit denen des zweiten (Re- oder Wiederholungs-)Tests korreliert. Der hierbei ermittelte Korrelationskoeffizient (Näheres hierzu vgl. u. a. Hofstätter und Wendt, 1967) gibt den Grad der Übereinstimmung zwischen zwei Messungen oder quantitativ ausgedrückten Beurteilungen an und beträgt im Falle völliger Übereinstimmung der Messungen r = 1,00. Ist keinerlei Beziehung zwischen beiden Beurteilungen vorhanden, variieren beide völlig unabhängig voneinander, beträgt r = 0,00. Besteht ein gegenläufiger Zusammenhang zwischen zwei Messungen, ist also ein hoher Meßwert bei einem Merkmal regelmäßig mit einem niedrigen bei einem anderen Merkmal verbunden, so weist der Korrelationskoeffizient negative Werte auf.

In Wirklichkeit kommen Korrelationskoeffizienten von 1,00 nicht vor. Test-Retest-Koeffizienten bewegen sich in der Regel um r_{tt} = 0,80. Dabei bieten sie auch eine Reihe von Problemen. So ist nicht immer auszuschließen, daß die zweite Testung durch die voraufgegangene erste in ihrem Ergebnis beeinflußt wurde, etwa wenn sich die Probanden an die Aufgaben erinnern. Um dies zu vermeiden, wird der Zeitabstand zwischen den beiden Testungen nicht zu knapp zu wählen sein, was wiederum die Chance erhöht, daß sich das gemessene Merkmal in der Zwischenzeit verändert hat. Überhaupt ist es nur bei relativ konstanten Merkmalen angebracht, die Zuverlässigkeit eines Testverfahrens mittels der Retest-Methode zu überprüfen. Aber auch dann ist trotz sorgfältiger Standardisierung damit zu rechnen, daß durch Einflüsse der unterschiedlichen Situationen Meßfehler erzeugt werden, etwa wenn das augenblickliche Befinden des Untersuchten, das immer gewissen Veränderungen ausgesetzt ist, sich mit im Testergebnis niederschlägt.

Ein wirkliches Konstanthalten der Situation ist durch einen kleinen Kunstgriff möglich, indem der in einer einzigen Untersuchung aufgenommene Test in zwei gleichwertige Hälften geteilt wird. Meist wird das Ergebnis der 1., 3., 5. usw. Testaufgaben mit der 2., 4., 6. usw. korreliert. Da nach Spearman Brown die Reliabilität eines Tests um so größer ist, je mehr Aufgaben er enthält, ist der so erhaltene Korrelationskoeffizient für zwei »Tests« mit je der halben Länge des Originaltests zu niedrig und muß aufgewertet werden. Die Spearman-Brownsche Beziehung zwischen der Reliabilität r_{kk} eines k-fach verlängerten Tests lautet:

$$r_{kk} = \frac{k \cdot r_{tt}}{1 + (k-1) r_{tt}}$$

Im Fall der Zuverlässigkeitsermittlung durch Testhalbierung wird $k = 2$. Die Reliabilität des Gesamttests r_{tt} errechnet sich dann aus der Korrelation der beiden Testhälften r_{12} nach der Formel

$$r_{tt} = \frac{2 \cdot r_{12}}{1 + r_{12}}$$

Allerdings, diese Verfahrensweise ist nur angebracht, wenn zwei wirklich gleichwertige Testhälften hergestellt werden können, was nicht immer der Fall ist.
Da bei der Halbierungsmethode die Situation als Fehlerquelle ausscheidet (ebenso die Schwankung des Merkmals selbst), sind die durch das Halbierungsverfahren ermittelten Reliabilitätskoeffizienten höher als die der Retest-Koeffizienten. Welche allerdings die »bessere« Schätzung ergeben, ist nicht eindeutig zu entscheiden. Die Zuverlässigkeitsermittlung unter Ausschluß der Situation bezieht sich auf das reine Meßinstrument, die Einbeziehung des Situationseffektes berücksichtigt den gesamten Meßvorgang als solchen und gibt damit die Wahrscheinlichkeit wieder, mit der bei einer erneuten Messung ein gleicher bzw. ähnlicher Meßwert erzielt wird.
Daß der »wahre« Meßwert bei einer Testdurchführung genau ermittelt wird, ist nicht sehr wahrscheinlich. Bei Kenntnis der Reliabilität r_{tt} ist es aber möglichst abzuschätzen, innerhalb welcher Grenzen bei einem gegebenen Irrtumsrisiko der »wahre« Meßwert eines Probanden liegt, denn der Standardmeßfehler σ_e beträgt, wenn σ die Streuung der Meßwerte in der Gesamtpopulation ist,

$$\sigma_e = \sigma \sqrt{1 - r_{tt}}$$

Wenn X_g der gemessene Testwert ist, so liegt der »wahre« Meßwert X_w mit einem Irrtumsrisiko von $p = 0,05$ innerhalb der Grenzen

$$X_g \pm 1,96 \cdot \sigma_e$$

bzw. mit einem Irrtumsrisiko von $p = 0,01$ innerhalb von

$$X_g \pm 2,58 \cdot \sigma_e$$

Damit ist also bei einem psychologischen Test abschätzbar, wie genau er mißt, wieweit man sich auf ein bestimmtes Ergebnis verlassen kann. Daß es sich hierbei lediglich um Wahrscheinlichkeiten handelt, mag vielleicht befremden. Man sollte dabei aber nicht vergessen, daß viele Schätzdaten alltäglich auch für wichtige Entscheidungen verwendet werden und als sicher angesehen sind (vgl. z. B. Schulnoten), obwohl sie zum Teil wesentlich unzuverlässiger sind als psychologische Tests. Oft wird deren Wahrscheinlichkeitscharakter nicht einmal erkannt, geschweige denn berücksichtigt. Ein bekanntes und kalkulierbares Irrtumsrisiko dürfte aber einem unbekannten und unkontrollierten vorzuziehen sein. Zumindest liegen dann die Verhältnisse klarer.

Die *Gültigkeit* oder *Validität* einer Messung gibt an, inwieweit der Zweck, unter dem die Messung durchgeführt wurde, mit ihr überhaupt erreicht wurde. Diese Definition geht davon aus, daß in der Regel getestet wird, um eine bestimmte Frage zu beantworten, um in einer Entscheidungssituation die benötigten relevanten Informationen zu gewinnen. Der Wert eines Tests bestimmt sich aus dem Maß, in dem er brauchbare Informationen liefert. Andere Definitionen der Validität gehen davon aus, inwieweit ein Test den psychologischen Sachverhalt tatsächlich mißt, den er zu messen vorgibt.

Abgesehen von der erwähnten Gebundenheit des Testens an bestimmte Fragestellungen erfolgt der Nachweis seiner Validität mit Hilfe bestimmter Verfahrenstechniken, die jeweils verschiedene Aspekte der Validität erfaßbar machen. Entsprechend werden verschiedene Validitätsbegriffe unterschieden.

Angelpunkt der meisten Validitätsuntersuchungen ist ein Vergleichsmaßstab, »Kriterium« genannt. Meist handelt es sich um ein Merkmal, das für den zur Frage stehenden psychologischen Sachverhalt repräsentativ ist. Ein Test ist dann valide, wenn er mit diesem Kriterium hoch korreliert.

Oft ist es jedoch nicht möglich, geeignete Kriterien zu finden. Meist wird ein Test eben deshalb entwickelt, weil es an einer angemessenen Möglichkeit fehlt, den betreffenden psychologischen Sachverhalt zu erfassen. Ein unzureichendes Kriterium aber schafft eine Situation, in der ein vielleicht gutes und brauchbares Meßinstrument an einem höchst ungenauen und mangelhaften überprüft werden soll: Das gute kann seine Qualität nicht unter Beweis stellen, da seine Meßergebnisse nur unzureichend mit dem schlechteren übereinstimmen werden.

Die nach diesem Verfahren ermittelten Validitäten werden nach der Aussagerichtung des Tests unterschieden. Handelt es sich darum, einen gegenwärtig bestehenden Sachverhalt zu erfassen und an einem ungefähr gleichzeitig mit dem Test bestimmten Kriteriumswert zu überprüfen, so spricht man von »concurrent validity«. Ein Beispiel: Es wurde ein Test entwickelt, der zur Auslese geeigneter Bürosekretärinnen dienen soll. Um seine Gültigkeit zu bestimmen, wird eine Stichprobe von Sekretärinnen mit diesem Test untersucht, gleichzeitig stufen deren Vorgesetzte sie auf einer Skala hinsichtlich ihrer Bewährung ein (= Kriterium). Die Korrelation zwischen Testergebnis und Kriterium ergibt ein Maß für die Validität – genauer »concurrent validity« – des Tests.

Die »predictive validity« bzw. »Vorhersagevalidität« hingegen gibt an, mit welcher Genauigkeit *Vorhersagen* anhand eines Testverfahrens möglich sind. Ein Test der eben erwähnten Art hätte ja in erster Linie den Zweck, Vorhersagen zu machen. Die entsprechende Überprüfung seiner Validität könnte dann erfolgen, indem er bei der Einstellung von Sekretärinnen angewendet, aber bei der Ausleseentscheidung zunächst noch nicht berücksichtigt wird. Nach einer gewissen Zeit wird dann ein Kriterium ermittelt – etwa wieder das Vorgesetztenurteil – und mit den ursprünglichen Testdaten korreliert. Der ermittelte Korrelationskoeffizient gibt die Genauigkeit an, mit der eine Eigrungsvorhersage möglich gewesen wäre. Ist sie zufriedenstellend, kann der Test als Ausleseverfahren eingesetzt werden.

In einigen Fällen ist es gar nicht nötig, die Validität eines Tests anhand der Übereinstimmung mit einem gegenwärtigen oder zukünftigen Kriterium zu ermitteln, nämlich dann, wenn sie sich schon aus dem Inhalt des Tests ergibt. Ein Test, der aus einer Vielzahl von Kopfrechenaufgaben besteht, wird die Fähigkeit »Kopfrechnen« erfassen, sofern er nur in repräsentativer Weise alle Arten vorkommender Kopfrechenaufgaben enthält. Gleiches gilt von einem Rechtschreibtest, der die entsprechende Fähigkeit anhand von Rechtschreibaufgaben überprüft. Die Validität, die sich logischerweise aus dem Inhalt des Testverfahrens

ergibt, wird als »logische Validität« oder »Inhaltsvalidität« bezeichnet.
In den Fällen jedoch, in denen sie nicht gegeben ist, ein brauchbares Kriterium jedoch ebenfalls nicht zur Verfügung steht, weil sich das betreffende Merkmal einer Erfassung sonst entzieht, wurde auf das Konzept der »Konstruktvalidität« oder »Begriffsvalidität« zurückgegriffen. Meist handelt es sich bei solchen Merkmalen um Konstrukte, die als hinter dem Verhalten stehend angenommen werden, sich aber der direkten Beobachtung entziehen, wie es beispielsweise bei der Intelligenz der Fall ist. In einer solchen Situation ist der Ausgangspunkt der, daß alle beobachtbaren Merkmale, die nach dem theoretischen Konzept mit dem betreffenden Konstrukt in Zusammenhang stehen, untereinander korrelieren müßten. Ein Test, der die Intelligenz messen soll, müßte daher mit Merkmalen, die ebenfalls mit Intelligenz zusammenhängen, mäßig bis hoch korrelieren, beispielsweise mit Leistungen in der Schule, der Berufsausbildung, dem Beruf usw., ebenso mit anderen Intelligenztests. In einem solchen Netzwerk vielfältiger Beziehungen müßte ein zu validierender Test seinen Platz behaupten.
Bei all dem ist zu berücksichtigen, daß es »die« Validität eines Tests gar nicht gibt. Vielmehr wird sie – wie bei der oben angegebenen Definition angedeutet – mit durch den Zweck bestimmt, dem der Test in einer bestimmten Situation dienen soll. Ein Rechtschreibungstest besitzt eine höhere Validität hinsichtlich der Fähigkeit zur Rechtschreibung als in bezug auf das Konstrukt Intelligenz, während wieder andere Verhältnisse vorliegen dürften, wenn mit seiner Hilfe die voraussichtliche Leistung beim Erlernen einer Fremdsprache abgeschätzt werden soll. Folgt man diesem Grundgedanken, so ist ein bestimmter Test, in einer bestimmten Fragestellung angewandt, um so valider, je mehr richtige Entscheidungen mit seiner Hilfe getroffen werden können.
Konsequent durchgeführt findet sich diese Betrachtungsweise bei Cronbach und Gleser (1965), deren Argumentation zwar von Problemen der industriellen Personalauslese ausgeht, ansonsten aber durchaus verallgemeinerbar ist. Angelpunkt ist der Nutzen, den die Anwendung eines Tests bei einer Entscheidung bringt. Er hängt, wie Cronbach und Gleser entscheidungstheoretisch nachweisen, von der Wichtigkeit der Entscheidung ab, außerdem aber u. a. auch von der Vorhersagekraft anderer Informationen, die – im Unterschied zum Test – ohnehin vorhanden sind und daher keinen besonderen Aufwand bringen. Ihre

Verwertung wird als »a priori-Strategie« bezeichnet. Je größer der Abstand zur Validität dieser a priori-Strategie und je wichtiger die Entscheidung, um die es geht, um so größer ist der Nutzen eines Tests. Daher kann ein Test mit einem Validitätskoeffizienten von beispielsweise $r_{tc} = 0,30$ nützlicher sein als ein anderer mit einer wesentlich höheren; entweder dann, wenn er einen Sachverhalt mißt, der mit keiner a priori-Strategie erfaßbar ist, oder aber, wenn es sich um eine besonders wichtige Entscheidung handelt. Im industriellen Bereich ist die Wichtigkeit von Entscheidungen anhand eines finanziellen Maßstabes quantitativ ausdrückbar. Cronbach und Gleser haben es auch unternommen, den Nutzen von Tests auf dieser Basis mathematisch zu bestimmen. Bei pädagogischen Fragestellungen liegen die Dinge etwas komplizierter, denn vergleichbare Daten bezüglich der finanziellen Auswirkung einer Entscheidung – sei es in persönlicher oder volkswirtschaftlicher Hinsicht – sind allenfalls nur sehr vage zu gewinnen. Immerhin sind einige pädagogische Entscheidungen von besonderer Wichtigkeit, etwa wenn für einen Schüler die richtige weiterführende Schulart gefunden werden soll. Angesichts der finanziellen wie auch ideellen Werte, um die es dabei geht, dürften selbst Testverfahren nützlich sein, die nur einen relativ geringen Validitätsfortschritt gegenüber vorhandenen a priori-Strategien (z. B. bisherige Schulzeugnisse) bringen.

Wie bei jedem Meßinstrument ist auch beim Test ein bestimmter Wert erst dann sinnvoll, wenn er Vergleiche ermöglicht. Insofern ist das Vorhandensein von Normen ebenfalls ein Kriterium für die Güte eines Tests. Heute eine Selbstverständlichkeit, war diese Bedingung jedoch, vor allem was die Qualität der Eichung betrifft, nicht immer erfüllt.

Ziel der Eichung ist, Tabellen zu erstellen, anhand deren die »Rohwerte« eines Tests (z. B. Anzahl der richtigen Lösungen) in Normwerte umgewandelt werden, die es ermöglichen, ein Testergebnis mit anderen Testergebnissen (sei es anderer Personen, sei es der gleichen Person bei anderen Tests) direkt und unmittelbar bei einheitlichem Maßstab zu vergleichen.

Zu diesem Zweck wird ein Test zunächst bei einer Stichprobe ausreichender Größe angewendet, die für diejenige Gruppe repräsentativ ist, mit der die zu testenden Personen verglichen werden sollen. Anhand der bei dieser Eichstichprobe erzielten Ergebnisse werden die Normwerte bestimmt. Ein gut geeichter Test bezieht seine Normwerte aus sorgfältig zusammengestellten Eichstichproben und berücksichtigt zudem Merkmale, die einen Einfluß auf das Testergebnis haben können (z. B. Lebensalter bei Intelligenztests, besuchte Schulklasse bei Rechtschreibetests, bei letzteren auch Art der besuchten Schule, ob sie auf dem Land oder in der Großstadt liegt usw.). Entsprechend werden für unterschiedliche Vergleichsgruppen verschiedene Normwerte gelten und zu bestimmen sein.

Die Eichung dient also dem Zweck, eine vielfältige Vergleichsbasis herzustellen, einmal hinsichtlich des quantitativen Bezugsrahmens, den eine Skala abgibt, außerdem bezüglich verschiedener Personengruppen, mit denen ein Proband verglichen werden soll.

4.2 Die Leistungsbeurteilung in der Schule

Zur Beurteilung der Leistungen, die von einem Schüler in der Schule erbracht werden, bedient man sich bei uns generell der Zeugnisnote, die im Erleben von Schülern und Eltern mit zu den wesentlichsten Dingen überhaupt gehört. Die Zufriedenheit oder Unzufriedenheit von Eltern mit ihrem Kind, ihre Hoffnungen und Befürchtungen für sein späteres Schicksal hängen ganz entscheidend von den Zensuren ab, die es nach Hause bringt. Darüber hinaus ist das persönliche Wohlbefinden eines Kindes, ob es sich im Einklang mit seinen Eltern fühlt, sein Selbstbewußtsein bewahrt oder Angst vor Unzufriedenheit der Eltern oder gar deren Strafen empfindet, am eigenen Wert zweifelt, sich in der Achtung von Mitschülern und Lehrern zurückgesetzt erlebt, nicht weniger davon abhängig, wie seine Arbeiten benotet werden und wie die halbjährliche »Abrechnung« in den Zeugnissen ausfällt.

Diese, den Zensuren zugemessene emotional hochgeladene Bedeutung kommt nicht von ungefähr, sondern ist nur zu verständlich, wenn man die aus den Zeugnissen erwachsenden Konsequenzen betrachtet, bestimmen sie doch ganz wesentlich die spätere berufliche Laufbahn und den künftigen Lebensweg (Schelsky, 1957). Dabei fällt auf, wie groß das Vertrauen in die Zuverlässigkeit von Noten als Informationsquelle ist, das nicht zuletzt darauf beruht, daß mit der Ziffer, die auch bei verbal formulierten Zensuren stets mitgedacht wird, die Eindrucksqualität der Sachlichkeit und Objektivität verbunden ist (Ingenkamp, 1970).

Schon recht bald sind diesbezüglich Zweifel aufgekommen (vgl. u. a. Döring, 1925; Lietzmann, 1927). Besonders illustrativ ist ein Bericht von Ulshöfer (1948/49), der ein und denselben Reifeprüfungsaufsatz von 42 Gutachtern beurteilen ließ, die dafür alle Noten von »sehr gut« bis »ungenügend« vergaben. Konsequenzen in der Schulpraxis wurden allerdings bei uns, wenn überhaupt, dann nur zögernd und erst in letzter Zeit gezogen, obwohl zahlreiche Forschungsberichte aus dem Ausland, vor allem aus dem angelsächsischen Raum vorliegen. Immer noch besteht in Deutschland eine überraschende Diskrepanz zwischen der Bedeutung, die den Zensuren zukommt und der mangelhaften wissenschaftlichen Erforschung der Bedingungen, unter denen sie zustande kommen. Die im Hinblick auf eine Objektivierung des Verfahrens unternommenen Anstrengungen sind gering (Ingenkamp, 1970, 1971).

Wendet man die für die Qualifikation von Meß- und Beurteilungsverfahren gültigen Kriterien auf die Zensuren an, so ist damit zu fordern, daß sie objektiv und zuverlässig sind, außerdem valide. Letzteres würde bedeuten, daß sie in den Situationen, in denen sie als Informationsgrundlage von Entscheidungen dienen, dieser Aufgabe auch gerecht würden. Eine Voraussetzung dafür ist die Klarheit dessen, was Zensuren inhaltlich besagen. Schließlich müssen – analog dem Kriterium der Eichung – Schulnoten untereinander auch vergleichbar sein.

Die Bezeichnung »Schulnoten« oder »Zensuren« bezieht sich auf unterschiedliche Tatbestände. Zunächst handelt es sich um die halbjährlich ausgegebenen Zeugnisse, in denen die Leistungen eines Schülers in jedem der im vergangenen Halbjahr unterrichteten Fächer mit einer Note bewertet werden. Gelegentlich werden diese einzelnen Zensuren zu einem Durchschnittszeugnis als Spiegel der Gesamtleistung zusammengefaßt. Die Einzelzensuren wiederum beruhen in der Regel auf mehreren Einzelleistungen, von denen zumindest einige gesondert beurteilt wurden, und aus deren Durchschnitt die Zeugniszensur gebildet wurde. Bei den Einzelleistungen handelt es sich in der Regel um schriftliche Prüfungsarbeiten (Klassenarbeiten), mündliche Prüfungen und sonstige Beobachtungen, wie z. B. Mitarbeit im Unterricht des betreffenden Faches. Bewertung von Einzelleistungen, Zeugnisnoten und Durchschnittszeugnis können und sollen jeweils für sich auf ihre Qualifikation als Meßwerte untersucht werden, da jeweils unterschiedliche Entstehungsbedingungen gelten.

Aus den vorliegenden Arbeiten geht hervor, daß zunächst die *Objektivität* der Leistungsbeurteilung sehr zu wünschen übrig läßt. Außer der bereits erwähnten Arbeit von Ulshöfer stellten Hartog und Rhodes (1936) bei Benotungen von Geschichtsarbeiten und Aufsätzen eklatante Abweichungen fest. Eells (1930) berichtet über eine Untersuchung, in der die schriftlichen Antworten in Kurzaufsatzform auf Geographie- und Geschichtsfragen von den gleichen Bewertern zweimal im Abstand von elf Wochen beurteilt wurden. Die Korrelationen zwischen der ersten und der zweiten Bewertung lagen je nach Antwort zwischen 0,25 und 0,51. Diese Arbeit wird zwar öfters zitiert, sollte aber nicht kritiklos hinsichtlich ihrer Ergebnisse übernommen werden. Aus der näheren Beschreibung der Versuchsbedingungen geht nämlich hervor, daß die Bewertungen am Anfang und am Ende eines Kurses über Tests und Messungen von dessen Teilnehmern vorgenommen wurden. Vermutlich hatten die Kursteilnehmer in der Zeit zwischen beiden Bewertungen einiges über Bewertungen hinzugelernt und beim zweiten Durchgang ihre Bewertungen mit einer anderen Einstellung vorgenommen als beim ersten. Es ist daher nicht bekannt, inwieweit die Abweichung der Beurteilungen auf geringer Objektivität der Beurteiler beruht und inwieweit sie ein Effekt des dazwischenliegenden Kurses ist.

Insgesamt bleibt jedoch gemeinsames Ergebnis der Untersuchungen, daß die Beurteilung gleicher Arbeiten durch unterschiedliche Beurteiler erheblich voneinander abweichen. Es könnte nun eingewandt werden, Aufsätze und analoge Arbeiten seien wegen der unterschiedlichen Formulierungsmöglichkeiten besonders schwer zu beurteilen. Lägen jedoch eindeutige Anhaltspunkte vor, so seien die Bewertungen sicher objektiv. Dies gilt aber nur bedingt. So bestehen beispielsweise oft Unterschiede zwischen Bewertern dahingehend, ob bestimmte Diktatfehler ganz oder nur halb gerechnet werden.

Eklatante Ergebnisse erhielten Starch und Elliot (1913), die bei der Beurteilung einer Geometriearbeit durch 128 Mathematiklehrer sogar noch größere Abweichungen als bei einer Englischarbeit erhielten. Hinsichtlich der Richtigkeit der Lösungen herrschte zwar Einigkeit. Ausarbeitung, Zeichnung, Form u. dgl. waren es jedoch, die eine derartige Diskrepanz der Bewertungen entstehen ließen.

Nicht nur die Objektivität von Zensuren läßt zu wünschen übrig. Auch bezüglich der *Reliabilität* einzelner Schulleistungen kam Finlayson (1951) zu dem Ergebnis, daß ein Aufsatz über ein bestimmtes Thema und seine Bewertung durch einen Beurteiler kein ausreichend zuverlässiges Maß für die Leistungsfähigkeit eines Schülers darstellt. Die Varianzanalyse der Daten erbrachte eine bedeutsame Wechselwirkung zwischen Aufsatzthema und

Kind, d. h. die Aufsatzleistung eines Kindes ist auch davon abhängig, inwieweit ein spezifisches Thema einem bestimmten Kind auch »liegt«. Demnach wäre es notwendig, mehrere Aufsätze eines Kindes über verschiedene Themen als Beurteilungsgrundlage zu nehmen. Vermutlich gilt Analoges auch für andere Schulfächer.

Noten in Zeugnissen beruhen in der Regel auf mehreren Prüfungsleistungen und sind nach der Spearman-Brownschen Beziehung (vgl. S. 99) zuverlässiger als diese. Tent (1969) ermittelte bei einem Zeitintervall von einem halben Jahr Reliabilitätskoeffizienten zwischen 0,50 und 0,70, gelegentlich darüber. Bei Grundschulzeugnissen ergeben sich allerdings vereinzelt Koeffizienten sogar über 0,90. Offenbar ist aber die Reliabilität der Zensur vom Unterrichtsfach abhängig, wie auch aus einer Untersuchung in der Oberstufe des Gymnasiums hervorgeht, wo sich, je nach Fach, Reliabilitätskoeffizienten zwischen 0,45 (Kunsterziehung) und 0,71 (Latein) bei einem Jahr Zwischenraum ergaben (Höger, 1964).

Zeugnisnoten sind also eine wenig verläßliche Information. Nach den Daten von Höger (1964) läßt sich beispielsweise für Mathematik ($r_{tt} = 0{,}64$) ein Standardmeßfehler (vgl. S. 99) von etwa 0,6 berechnen. Der »wahre« Wert einer Zeugnisnote liegt dann immerhin innerhalb eines Intervalls von $\pm$ 1,18 um die gegebene Zensur bei einer Irrtumswahrscheinlichkeit von $p = 0{,}05$ bzw. $\pm$ 1,55 bei $p = 0{,}01$.

Bei diesen Daten handelt es sich jedoch um optimistische Schätzungen insofern, als sie nur den Fehler berücksichtigen, der sich bei der wiederholten Beurteilung des gleichen Schülers in der gleichen Schule einstellt. Mit einem erheblich größeren Fehlerbetrag wäre zu rechnen, wenn die bei verschiedenen Schulklassen und Lehrern unterschiedliche Strenge der Benotung mit berücksichtigt würde. Bei Ingenkamp (1969) ergibt sich, daß bei gleicher Leistungsfähigkeit (gemessen mit Schulleistungstests) die Zensuren der Schüler in Rechtschreibung und in Englisch von Klasse zu Klasse so sehr schwanken, daß eine Zwei in der einen Klasse einer schlechteren Leistungsfähigkeit entsprechen kann als eine Vier in einer anderen (vgl. auch Schiefele, 1960). Hasemann (1970) stellte zudem bei Gymnasium-Zensuren in der Bundesrepublik ein Nord-Süd-Gefälle fest.

Sind also Noten in ein und demselben Fach letztlich nicht vergleichbar, so ergeben sich außerdem Unterschiede der Beurteilungsstrenge bei verschiedenen Schulfächern (Ferdinand und Kiwitz, 1964; Höger 1964, Hopp und Lienert, 1965). Nach

Orlik (1967) ist dabei die Reihenfolge der Fächer, die sich aus deren unterschiedlich strenger Beurteilung ergibt, überregional weitgehend stabil.

Gleiche Noten bzw. deren Kennziffern bezeichnen also je nach Schulklasse und Schulfach unterschiedliche Grade der Leistungsfähigkeit, Zensuren sind keinesfalls ausreichend geeicht.

Tatsächlich sind Lehrer bei der Aufgabe des Zensurenerteilens nach der herkömmlichen Form überfordert, sofern sie sich nicht zusätzlicher geeigneter Hilfsmittel bedienen. So wird jedes Urteil auf dem Hintergrund eines Bezugssystems abgegeben. Ob jemand eine Person mit der Körpergröße von 185 cm als »groß« empfindet oder nicht, hängt davon ab, wie groß im Durchschnitt die Menschen waren, mit denen er zusammengetroffen ist. Ebenso beruht das Bezugssystem von Lehrern für Schülerleistungen auf ihrer unmittelbaren Erfahrung, die jedoch notwendigerweise nicht universell, sondern begrenzt ist.

Weiterhin unterliegen Lehrer – wie alle Menschen – bestimmten verfälschenden Tendenzen, beispielsweise dem sogenannten »Halo-Effekt«, der Neigung, auch dort, wo es sachlich nicht gerechtfertigt ist, unbewußt von einem Merkmal auf ein anderes zu schließen, beispielsweise von ordentlicher Kleidung, sprachlicher Gewandtheit und höflichem Benehmen auf bessere schulische Leistungen und gute Begabung (Paul, 1967). Rau (1971) ermittelte bei N = 519 Gymnasiasten der Oberstufe, daß die Betragensnote, die in keinem Zusammenhang mit der Intelligenz steht (Korrelation mit dem Gesamtwert des Intelligenz-Struktur-Tests von Amthauer $r = 0{,}03$) sehr wohl eine bedeutsame Beziehung zum Durchschnittszeugnis aufweist ($r = 0{,}39$). Zensuren und Wohlverhalten der Schüler stehen also miteinander in Zusammenhang.

Schließlich liegen einige Untersuchungen vor, die zeigen, daß Jungen bei gleicher Leistung strenger beurteilt werden als Mädchen (Ferdinand und Kiwitz, 1964; Hopp und Lienert, 1965; Hadley, 1954), und Lehrer strenger benoten als Lehrerinnen (Carter, 1952).

Da somit das menschliche Beurteilungsvermögen offensichtlich überfordert ist, liegt es nahe, auf Instrumente zurückzugreifen, die solche Fehlerquellen vermeiden. Inzwischen liegt auch eine Reihe von sogenannten Schulleistungstests vor, die eine objektive, zuverlässige und vergleichbare Überprüfung des Kenntnis- und Leistungsstandes von Schülern erlauben.

Schulleistungstests legen – wie alle Tests – genau fest, unter welchen Bedingungen sie durchgeführt werden und wie die einzelnen Antworten auf die Fragen zu bewerten sind. Die Fragen selbst sind in langwierigen Prüfverfahren eigens auf ihre Brauchbarkeit hin untersucht worden (so werden beispielsweise nur solche Fragen aufgenommen, bei denen die Schüler, die sie richtig beantworten, auch in den übrigen Fragen des Tests besser abschneiden als die anderen – eine Bedingung, die, wie die Erfahrung bei der Konstruktion von Tests zeigt, keinesfalls von vorneherein als erfüllt angesehen werden kann, auch nicht bei in der üblichen Weise entworfenen Klassenarbeiten). Die Zuverlässigkeit solcher Tests ist immer überprüft und liegt in der Regel um oder über 0,90 (Halbierungszuverlässigkeit). Außerdem sind diese Tests sorgfältig geeicht, der angelegte Maßstab bezieht sich auf alle vergleichbaren Schüler.

Allerdings entspricht die Zahl der vorhandenen Schulleistungstests längst noch nicht dem vorhandenen Bedarf. Für die Zwischenzeit empfiehlt Ingenkamp (1970) die Entwicklung informeller Testverfahren durch Gruppen von Lehrern, die gemeinsam Aufgaben entwickeln und an einer, infolge der Zusammenarbeit genügend großen Stichprobe auf ihre Schwierigkeit und Brauchbarkeit hin überprüfen.

Damit ließe sich zwar die Notenmisere insofern bewältigen, als sie auf uneinheitlichen Anforderungen, Bewertungskriterien und Bewertungsmaßstäben beruht. Eine völlige Lösung der Problematik wäre aber auch dann nicht zu erwarten, wenn die Notengebung an Schulleistungstests orientiert wäre, denn in einer einzigen Maßzahl, der Zensur, wird ein Anhaltspunkt für mehrere heterogene Informationen gesehen, die gleichzeitig gar nicht in angemessener Weise in ihr enthalten sein können. Damit sind die Noten als solche ebenfalls überfordert.

So wendet sich das Zeugnis an mehrere Personen, zunächst Schüler und deren Eltern, außerdem an Außenstehende, z. B. andere Lehrer bei Schulwechsel, bei späteren Bewerbungen im Berufsleben wird vielfach das Abschlußzeugnis der Schule als Auslesekriterium herangezogen. Schließlich sieht auch der unterrichtende Lehrer in den Noten einen Hinweis auf den Erfolg seiner Arbeit. Je nach Interessenlage entnehmen diese Personen dem Zeugnis Informationen über die absolute Leistungsfähigkeit, die Leistungen im Verhältnis zur übrigen Klasse, die intellektuelle Begabung, die bisherige Bereitschaft zum Arbeitseinsatz, zukünftige Entwicklungsmöglichkeiten usw.

Bei der traditionellen Notengebung ist ein Schüler mit der Note »gut«, der aus einer insgesamt »schlechten« Klasse kommt, gegenüber einem anderen aus einer »guten« Klasse mit der Note

»befriedigend« ungerechtfertigterweise im Vorteil. Bei einer Benotung anhand von Schulleistungstests könnte er jedoch gegenüber einem Schüler mit gleichem Testwert wiederum im Nachteil sein, wenn dieser aus einer »guten« Klasse stammt, denn letzterer hätte dort eine bessere Förderung erfahren, die seine Fähigkeiten besser erscheinen läßt. Ein weiterer Gesichtspunkt: Schüler aus einer insgesamt schwächeren Klasse werden im Test schlechte Werte erzielen und damit ein Defizit an Erfolgserlebnissen haben, nach den Ergebnissen der Lernpsychologie schlechte Voraussetzungen für die Entwicklung einer Leistungsmotivation und einen positiven Lerneffekt.
Damit ergibt sich eindeutig die Notwendigkeit, für jeden Informationsgesichtspunkt andere Informationsquellen zu benutzen und gegebenenfalls die erhaltenen Ergebnisse unterschiedlich zu bewerten.
Möchte z. B. ein Lehrer überprüfen, ob seine Klasse als Ganzes oder einzelne Schüler einem allgemein gültigen Leistungsstandard entsprechen, so wird er zu einem gängigen Schulleistungstest greifen und die dortigen Normtabellen benutzen. Ist er hingegen lediglich an einem Vergleich innerhalb der Klasse interessiert, so wird er selber eine Eichung an der internen Klassennorm vornehmen.
Es ist natürlich auch möglich, daß sich ein Lehrer fragt, ob der bisher behandelte Unterrichtsstoff soweit aufgenommen wurde, daß nunmehr darauf aufgebaut werden kann. Er wird dann einen informellen, selbst – oder zusammen mit Kollegen – entwickelten Test benutzen, der von den Schülern, sofern sie den Mindestanforderungen genügen, insgesamt bewältigt werden muß. Es käme dabei also nicht auf den Vergleich mit einer Bezugsgruppe an, sondern auf das Erreichen eines bestimmten, vorher definierten Leistungsstandes.
Steht jedoch nicht die augenblickliche und tatsächliche Leistung im Vordergrund, sondern die zukünftige und mögliche, also die Begabung, so wird die Anwendung eines Testverfahrens angezeigt sein, das eigens zu diesem Zweck konstruiert ist, beispielsweise eines Intelligenztests.
Es besteht also die Notwendigkeit, sich stets klar vor Augen zu führen, welche Information benötigt wird bzw. gegeben werden soll und welche Vergleichsbasis angemessen ist. Entsprechend dürften Schulnoten nicht in einem unzureichend definierten Kennwert bestehen, den jeder weitgehend nach Belieben interpretieren kann. Vielmehr müßten sie einen eindeutig festgelegten Aspekt in einem eindeutigen Bezugsrahmen wiedergeben.

Erscheint dies in einem Fach nicht möglich, weil mehrere Aspekte bedeutsam sind, so müßte eben jeder Aspekt für sich beurteilt werden.

4.3 Die Auslese für weiterführende Schule

Ein Schulsystem, das unterschiedliche Begabungsstufen verschiedenen Schularten zuweist, benötigt Kriterien, die eine Verteilung der Schüler so vornehmen läßt, daß jeder von ihnen die ihm angemessene Behandlung erfährt, d. h. dem für ihn »richtigen« Schultyp zugewiesen wird.

Die traditionelle Dreiteilung des Schulsystems in Hauptschule, Realschule und Gymnasium war von einem Ausleseverfahren begleitet, bei dem sich jeder, der zur Aufnahme in die Realschule oder das Gymnasium angemeldet wurde, einer Prüfung unterziehen mußte, von deren Bestehen der Zugang zur entsprechenden Schule abhängig gemacht wurde. Damit hing die höhere Schulbildung eines Schülers außer von seiner Begabung von einer entsprechenden Initiative seiner Eltern ab, ihn überhaupt anzumelden, außerdem davon, ob er in seiner bisherigen Entwicklung so gefördert wurde, daß er den Anforderungen der Aufnahmeprüfung gewachsen war. Als Folge davon war und ist der Besuch der weiterführenden Schule stärker von der Herkunft, dem Elternhaus abhängig als von der Begabung (Tent, 1969).

Angesichts der Bedeutung, die dem Besuch der höheren Schule im Rahmen unseres Berechtigungswesens für das gesamte spätere Leben zukommt, lag es im Interesse einer größeren Gerechtigkeit nahe, die für die Schullaufbahn maßgeblichen Auslesekriterien auf ihre Brauchbarkeit hin zu überprüfen. Da es sich bei ihnen jedoch um Schulnoten bzw. um Beurteilungen handelt, die in gleichartiger Weise zustande gekommen sind, können die dabei erhaltenen Ergebnisse angesichts der in Abschnitt 4.2 genannten Gesichtspunkte nicht sonderlich überraschen.

Die Mindestforderung an ein brauchbares Auslesekriterium wäre, daß es für alle Betroffenen gleiche Bedingungen schafft und außerdem eine ausreichend sichere Vorhersage des zu erwartenden Erfolges auf der angestrebten Schule ermöglicht.

Demgegenüber fanden Ohlsson (1964, zit. nach Tent, 1969) und Schultze (1964), daß die Schwierigkeit der gestellten Aufgaben ungemein unterschiedlich war und damit von Chancengleichheit schon allein unter diesem Aspekt nicht gesprochen werden konnte. Hitpaß (1961, 1963, 1967) stellte fest, daß die

Aufnahmeprüfung darüber hinaus keinerlei Vorhersage des späteren Schulerfolges erlaubt. Gebauer (1965) kam zwar zu besseren, aber immer noch unbefriedigenden Ergebnissen. Zieht man die Resultate von Schultze (1964) über den Vorhersagewert von Zensuren und Empfehlungen der Grundschule mit hinzu, so dürfte – insgesamt gesehen – die Korrelation zwischen derartigen Vorhersagekriterien und dem tatsächlichen Schulerfolg zwischen 0,20 und 0,30 betragen.

Verglichen damit fielen die mit Hilfe von Tests erzielten Ergebnisse recht unterschiedlich aus, je nachdem, welches Verfahren angewendet worden war. Zum Teil waren sie nicht besser geeignet als die konventionellen Methoden, einige von ihnen erwiesen sich aber als ganz besonders qualifiziert. Bei solchen Verfahren wurden Korrelationen zwischen Schulerfolg und Testergebnis erzielt, die in der Größenordnung um 0,5 bis 0,6 lagen (Hitpaß, 1961, 1963; Gebauer, 1965; Tent, 1969), in günstigen Fällen ergaben sich Validitätskoeffizienten bis knapp unter 0,8 (Hitpaß, 1967). Allgemein sind bei geeigneter Kombination verschiedener Testergebnisse Werte um 0,7 zu erwarten (Hitpaß, 1961, 1963; Tent, 1969).

Diese Ergebnisse haben teilweise zu erbitterten Kontroversen geführt, in denen die Anwendung von Tests von der einen Seite heftig abgelehnt, von der anderen dringend gefordert wurde. Schulen und Behörden zeigten sich eher geneigt, auf »altbewährte« Methoden zu bauen, auch wenn sie sich in empirischen Untersuchungen als fragwürdig erwiesen hatten, und nachweisbar besseren Methoden zu mißtrauen, wenn sie neu waren. Sachlicher argumentiert Janssen (1972), der nachweist, daß die Validität der schulischen Auslesekriterien (Aufnahmeprüfung, Grundschulzeugnis und -empfehlungen) aufgrund eines systematischen Fehlers unterschätzt wurde. Auch wenn dann immer noch ein Vorteil der Tests übrigbleibt, so ist es jedoch müßig, Tests und Schulnoten bzw. -beurteilungen in dieser Frage gegeneinander auszuspielen. Nützlich wäre es, Tests und geeignete Schulurteile so miteinander zu kombinieren, daß optimale Vorhersagen erzielt werden.

Allerdings wird diese Hoffnung gedämpft, wenn man mit Tent (1969) berücksichtigt, daß die Validität eines Ausleseverfahrens durch seine eigene Zuverlässigkeit und die des Kriteriums begrenzt ist. Geht man von einer (Retest-)Zuverlässigkeit von etwa 0,8 für den Test und 0,6 für die Zeugnisse der weiterführenden Schule aus, so ist bei einem Validitätskoeffizienten um 0,7 bereits die Grenze des Möglichen erreicht. Verbesserungen

sind dann nur noch erreichbar, wenn besonders bei den Schulleistungsbeurteilungen die Zuverlässigkeiten erhöht werden.
Geht man davon aus, daß eine perfekte Auslese utopisch ist, so bleibt für eine Gesellschaft, die sich für eine maximale Ausschöpfung der Begabungsreserven bzw. minimale Ungleichheit der Bildungschancen entschieden hat und die unterschiedlich Begabte in verschiedenen Niveaustufen unterrichtet, nur die Konsequenz, den im Ausleseverfahren unvermeidlicherweise Fehlklassifizierten (d. h. den von der höheren Niveaustufe ungerechtfertigterweise Aufgenommenen oder Abgewiesenen) den möglichst reibungslosen Wechsel zwischen den Niveaustufen zu ermöglichen.
Wie notwendig dies ist, zeigt ein Ergebnis von Schultze (1964): Von den Schülern, die in die weiterführende Schule aufgenommen worden waren und die sich hinsichtlich der Leistungen in der Aufnahmeprüfung im unteren Drittel befanden, wurden im Beobachtungszeitraum von fünf Jahren etwa 30 % immer versetzt. Es ist daher zu vermuten, daß auch unter den Abgelehnten ein beachtlicher Prozentsatz von Schülern gewesen sein muß, die das Gymnasium glatt durchlaufen hätten!
Obwohl die perfekte Auslese nicht erreichbar ist, sollten die einschlägigen Verfahren dennoch ständig verbessert werden, da ein *völlig* reibungsloser Übergang zwischen den Niveaustufen ebenfalls nicht erreichbar sein dürfte, und somit eine möglichst rechtzeitige und richtige Zuordnung der Schüler nach wie vor erforderlich bleibt.

4.4 Die Diagnostik der Schulreife

Die Einführung der allgemeinen Schulpflicht brachte es mit sich, daß neben der (Mindest-)Dauer des Schulbesuches auch der Einschulungszeitpunkt gesetzlich festgelegt wurde. Er liegt bei uns nach Vollendung des sechsten Lebensjahres. Die ausschließliche Koppelung des Einschulungszeitpunktes an das Lebensalter wurde von Kern (1963) vehement und nicht ohne Erfolg kritisiert. Nach seinen Beobachtungen und den daraus entwickelten Thesen hängt die Leistung in der Schule unter anderem davon ab, ob der Schüler bei seiner Einschulung einen bestimmten Mindestentwicklungsstand erreicht hatte, der als »Schulreife« bezeichnet wird.
Im Mittelpunkt steht dabei die »Gliederungsfähigkeit«, vorwiegend der optischen Wahrnehmung. Sowohl das Erfassen und

Unterscheiden von Zeichen und Symbolen (Buchstaben und Ziffern), als auch das Aufgliedern und Erkennen von Mengen sind Grundvoraussetzungen für den Elementarunterricht und an die ausreichende Entwicklung der Gliederungsfähigkeit gebunden. Sie ist erreicht, wenn Kinder in der Lage sind, bestimmte einfache Vorlagen nachzuzeichnen (Kern, 1957). Der Zeitpunkt ihres Eintretens ist je nach Reifungstempo verschieden.

Nach der These Kerns wird jedes Kind – abgesehen von Fällen extrem schwacher Begabung – irgendwann schulreif. Es gilt, diesen Zeitpunkt abzuwarten. Eine vorzeitige Einschulung bedeutet für das Kind eine schwerwiegende Überforderung, da es dadurch Anforderungen gegenübersteht, die es einfach nicht erfüllen kann. Durch die somit unvermeidlichen Mißerfolgserlebnisse wird das gesamte spätere Schulschicksal entscheidend belastet. Es ist daher notwendig, Kinder, die zwar dem Alter nach schulpflichtig, aber ihrem Entwicklungsstand nach noch nicht schulreif sind, zurückzustellen und das Eintreten der Gliederungsfähigkeit abzuwarten.

Daß es sich hier um eine bedeutsame Problematik handelt, ist unbestreitbar, spielt doch die Schulleistung bei Störungen der Persönlichkeitsentwicklung eine besondere Rolle, wie jede Fallstatistik einer Erziehungsberatung zeigt. Bei einer umfassenden Erhebung standen Schwierigkeiten und Versagen im Leistungsbereich in der Häufigkeit an erster Stelle der Gründe, die zum Aufsuchen einer Erziehungsberatungsstelle führten (Tuchelt-Gallwitz, 1970). Wer die Arbeit an einer Erziehungsberatungsstelle kennt, weiß, daß sich auch hinter einer Reihe anderer Probleme Schulschwierigkeiten verbergen. Kemmler (1967) schätzt, daß bei mehr als der Hälfte der Kinder, die einer Erziehungsberatungsstelle vorgestellt werden, eine enge Verschränkung zwischen Persönlichkeitsstörungen und Schulversagen vorliegt. Allein die Möglichkeit, auch nur einige dieser Fälle zu vermeiden, rechtfertigt eine sorgfältige Auslese bei der Einschulung.

Daß Kinder, die infolge verfrühter Einschulung überfordert werden, für ihre gesamte schulische Entwicklung beeinträchtigt sind, kann inzwischen als gesichert gelten. Umstritten bzw. widerlegt sind hingegen vor allem drei wesentliche Punkte der Kernschen Konzeption:
1. Die Entwicklung der Schulfähigkeit ist kein reiner Reifungsprozeß.
2. Schulfähigkeit ist kein absoluter Sachverhalt.
3. Die Zurückstellung vom Schulbesuch kann nicht ohne erhebliche Einschränkungen empfohlen werden.

Nach den von Schenk-Danzinger zusammengestellten Forschungsergebnissen sind die psychischen Funktionen und Fertigkeiten, welche Voraussetzung für den Elementarunterricht sind, prinziziell übbar. Sie hängen damit nicht von einem Reifungsprozeß allein ab, der durch genetische Faktoren determiniert ist, sondern auch wesentlich vom Ausmaß der Förderung, die ein Kind im Laufe seiner bisherigen Entwicklung erfahren hat. Milieuschäden und neurotische Entwicklungsstörungen können für mangelnde Schulfähigkeit ebenso verantwortlich sein wie ein verzögertes Reifungstempo.

Abseits aller Diskussionen über die »Frühlesebewegung« (vgl. u. a. Doman, 1966) hat sich bei entsprechenden Versuchen gezeigt, daß Kinder bereits vor Erreichen des sechsten Lebensjahres sehr wohl in der Lage sind, das Lesen zu erlernen. Schulfähigkeit ist damit kein feststehender Begriff. Sie hängt vielmehr davon ab, wie ein Schulsystem beschaffen ist, welche Lerninhalte dargeboten werden und in welcher Weise dies geschieht, ob in größeren Klassenverbänden unterrichtet wird oder in kleineren Gruppen, ob Spielverhalten oder Arbeitshaltung erwartet wird, ob längere oder kürzere Unterrichtseinheiten gegeben werden. Schulreife müßte eigentlich definiert werden als der Grad intellektueller, sozialer und körperlicher Entwicklung, der ein Kind in die Lage versetzt, die von dem jeweiligen Schulsystem gestellten Anforderungen zu bewältigen. Bei uns gehört zu diesen Anforderungen das Sich-Einfügen in strikte Reglementierungen, langes Stillsitzen, lange Unterrichtsperioden, kurze Pausen, wenig Bewegungsmöglichkeit, oft auch Förderbarkeit durch Frontalunterricht, so daß sich schon allein hieraus ein relativ hohes Einschulungsalter der Kinder ergibt (Schenk-Danzinger, 1969).

Die von Kern vorgeschlagene Zurückstellung nicht schulreifer Kinder hat sich nicht bewährt. In der Längsschnittuntersuchung von Kemmler (1967) gehörten von den vor der Einschulung zurückgestellten Kindern nach drei Jahren bereits 32 % zu den Sitzenbleibern. Von den Zurückgestellten bleiben viermal mehr Kinder sitzen als von den übrigen.

Zumindest bei den Kindern, die dann doch noch sitzen bleiben, hat sich der gewährte Altersvorsprung wenn überhaupt, dann schädlich ausgewirkt. Schulfähigkeit hängt in erster Linie von dem Stand der intellektuellen Leistungsfähigkeit ab (Meis, 1967; Kemmler, 1967). Deren Förderung ist speziell geeignet, bestehende Rückstände auszugleichen. Eine Möglichkeit bietet der Schulkindergarten. »Fast alle Kinder werden zu Unrecht zurückgestellt. Die normal Begabten, weil sie sich bewähren könnten, die Schwachbegabten, weil ihnen im Gegensatz zu Kerns These Zeitgewinn nichts hilft« (Schenk-Danzinger, 1969, S. 32).

Zum Zwecke der Überprüfung der Schulfähigkeit wurden eine Reihe von Testverfahren entwickelt, die, soweit dies nach den Regeln der Testkonstruktion geschah, objektiv und ausreichend zuverlässig sind (hinsichtlich spezieller Daten zu den meisten gängigen Schulreifetests vgl. Marsolek und Ingenkamp, 1968). Die Validitätskoeffizienten weisen eine mittlere Höhe auf, im Durchschnitt um 0,5 und 0,6. Entscheidend ist jedoch, daß etwa die Hälfte der Kinder, die nach dem Testergebnis nicht schulreif waren, dennoch im Verlauf der nächsten vier Jahre regelmäßig versetzt wurden, also eindeutig fehlklassifiziert worden waren (Kemmler, 1967; Schenk-Danzinger, 1969), ohne Test wären es allerdings noch mehr gewesen. Diese Fehlerträchtigkeit der Schulreifetests müßte eigentlich nicht unbedingt einen Nachteil bedeuten, sofern diese Verfahren so angewendet würden, wie es zumindest die Autoren dringend empfehlen: Schulreifetests sollen zunächst eine positive Auslese der Kinder leisten, die zum Schulbesuch fähig sind. Kinder, bei denen dies nach dem Testergebnis nicht der Fall ist, bedürfen einer eingehenden Untersuchung und sind keinesfalls bereits als »nicht schulreif« zu behandeln, wie dies meist geschieht. Es wäre endlich an der Zeit, diese Einschränkungen der Testautoren zur Kenntnis zu nehmen. Ein Schulreifetest kann und soll nur ein grobes Filter sein, das zweifelhafte Fälle aussortiert und einer eingehenderen Überprüfung zuführt, wie sie aus ökonomischen Gründen nicht bei allen Schulanwärtern durchgeführt werden kann.

Graefe (1964, zit. nach Kemmler, 1967) ermittelte eine Reihe von Sachverhalten, die geeignet sind, die Schulreifediagnostik wesentlich zu präzisieren. Danach ergaben sich für die Kinder, die anhand des Grundleistungstests von Kern (1957) nicht schulreif waren und sich auch tatsächlich als der Schule nicht gewachsen erwiesen, vier Gruppen:

1. Die Gliederungsschwäche war in extremem Maße ausgeprägt.
2. Die Kinder waren gleichzeitig minderbegabt (der Intelligenzquotient betrug 83 oder weniger).
3. Der Intelligenzquotient lag zwischen 87 und 99, das Einschulungsalter war jedoch relativ niedrig (6;0 Jahre und weniger).
4. Der Intelligenzquotient lag um 100, aber in zwei anderen Schulreifetests (Göppinger und Münchner Schulreifetest) sind die Leistungen völlig unzureichend.

Für diejenigen Kinder hingegen, die nach dem Grundleistungstest zwar nicht schulreif waren, aber trotzdem die Schule ohne Schwierigkeiten bewältigten, ergaben sich drei Gruppen:
1. Der Intelligenzquotient lag bei Schulbeginn über 115, die Begabung war also überdurchschnittlich, so daß sie sonstige Mängel kompensieren konnte.
2. In beiden anderen Schulreifetests erwiesen sich die Kinder als *voll* schulreif.
3. Die Kinder waren bei der Einschulung älter als 6;3 bis 6;7 Jahre.

Damit deutet sich die Möglichkeit an, anhand objektiver Zusatzinformationen eine Entscheidungsstrategie zu entwickeln und zu überprüfen, die optimale Ergebnisse ermöglicht. Tests sind keine Orakel, sondern rationale Entscheidungshilfen mit bekanntem Irrtumsrisiko, das durch zusätzliche Informationsquellen und geeignete Datenkombination vermindert werden kann.

5 Die Legasthenie als Paradigma eines pädagogisch-psychologischen Problems

Vielberufen und dadurch fast schon zum Modebegriff geworden, dabei aber immer noch nicht all jenen ausreichend bekannt, die darüber informiert sein sollten, oft auch Tummelplatz spekulativer Theorienbildung, dabei aber von schwerwiegender Bedeutung für das Schul- und spätere Lebensschicksal vieler, ist die Legasthenie bis heute letztlich ein ungeklärtes Phänomen geblieben. Gleichzeitig ist sie aber auch ein repräsentatives Beispiel für Möglichkeiten und Grenzen pädagogisch-psychologischer Erkenntnis und Handlungsweisen.

Nachdem Pädagogen und Psychologen zunehmend sich darüber klar geworden waren, daß Kinder mit mehr oder weniger großen Schwierigkeiten beim Erlernen des Lesens und Rechtschreibens keineswegs auch gleichzeitig minderbegabt sein müssen, daß vielmehr derartige Leistungsschwächen auch bei überdurchschnittlich Intelligenten vorkommen können, war Bestürzung die eine Reaktion, zeichnete sich doch damit die Tatsache ab, daß bis dahin eine ganze Reihe Kinder eine falsche pädagogische Behandlung erfahren hatte. Viele von ihnen waren beispielsweise, obwohl sie normal intelligent waren, in eine Sonderschule für Minderbegabte eingewiesen worden und hatten keine ihren eigentlichen Fähigkeiten entsprechende Förderung erfahren.

Außerdem wurde deutlich, daß einige fundamentale und schwerwiegende Störungen der Persönlichkeitsentwicklung und des Verhaltens, die bisher rätselhaft oder einfach hingenommen worden waren, in ursächlichem Zusammenhang mit Schwierigkeiten des Lesens und Rechtschreibens standen, daß sie offensichtlich vor allem auf den bei diesen Kindern besonders intensiven und häufigen Mißerfolgserlebnissen beruhten. Insofern wiederum breitete sich Optimismus aus, schien sich doch die Möglichkeit anzubahnen, durch geeignete vorbeugende Maßnahmen derartige Entwicklungen zu vermeiden bzw. bereits entstandene Fehlentwicklungen rückgängig zu machen oder zumindest zu mildern.

Damit ergab sich die Notwendigkeit, Legasthenie rechtzeitig zu erkennen, wegen der großen Schülerzahlen auf möglichst ökonomische Weise. Um optimale Behandlungsmöglichkeiten zu erhalten, erschien es wünschenswert, eventuell hinter der Legasthenie liegende Funktionsstörungen zu erkunden und einer direkten Behandlung zugänglich zu machen.

Die hier ansetzende Forschung war angesichts der Dringlichkeit des Problems ungemein intensiv, aber auch weitgehend unkoordiniert. Einerseits krankte sie an den unterschiedlichen Definitionen, die der Legasthenie gegeben wurden, denn dadurch setzten sich die untersuchten Gruppen von Autor zu Autor aus verschiedenartigen Störungsformen zusammen. Entsprechend wichen auch die Ergebnisse voneinander ab. Andererseits war die Theorienbildung oft voreilig, in Extremfällen lag bereits der Definition der Legasthenie eine bestimmte theoretische Annahme zugrunde (vgl. z. B. Schenk-Danzinger, 1961; Weinschenk, 1965).

Letztlich hat dieses erste Stadium der Forschung in eine Sackgasse geführt. Als Reaktion darauf nimmt in letzter Zeit die Tendenz zu, so voraussetzungslos wie nur möglich vorzugehen und praktisch von vorne zu beginnen.

Nichtsdestoweniger läßt sich auch auf dem bescheidenen Stand gegenwärtigen Wissens nutzbringend arbeiten. Das Problem als solches ist erkannt, spezielle Techniken und Verfahrensweisen ermöglichen es, die Schwierigkeiten im Erlernen des Lesens und Rechtschreibens weitgehend auszugleichen. Fehlentwicklungen lassen sich, sofern die verursachende Legasthenie rechtzeitig erkannt wird, meist vermeiden. Insofern handelt es sich hier um ein Musterbeispiel dafür, daß auch dort auf wissenschaftlicher Grundlage sinnvoll gehandelt werden kann, wo die pädagogische Psychologie angesichts der Dringlichkeit der anstehenden Probleme handeln muß, ehe der Sachverhalt ausreichend aufgeklärt ist. Ziel der weiteren Forschung ist es dann, aufgrund zunehmender Erkenntnis effektiver zu handeln.

5.1 Zum Begriff der Legasthenie

Zunächst muß man sich darüber im klaren sein, daß die Legasthenie als Problem mit dermaßen brisanter Dringlichkeit vor allem in einer Kultur zum Problem werden konnte, die wesentlich auf der schriftlichen Kommunikation aufgebaut ist und in der gleichzeitig die Überzeugung herrscht, Rechtschreibung und Intelligenz stünden untereinander in engem Zusammenhang. Als Konsequenz hieraus ergibt sich der Schluß, daß die Begabung eines Menschen aus seiner Rechtschreibung erschlossen werden kann, eine Überzeugung, die immer noch geläufig ist. So ist es bei vielen Personalchefs beliebt, etwa die voraussichtliche Tüchtigkeit von Bewerbern um eine Maschinenschlosser-Lehrstelle aus deren Diktatleistungen zu erschließen, ein Verfahren, das unmittelbar zur Diskriminierung Rechtschreibschwacher führt und nur so lange aufrechtzuerhalten ist, als es keiner Validitätsprüfung unterzogen wird bzw. solange Ergebnisse entsprechender Untersuchungen nicht zur Kenntnis genommen werden.

Inzwischen kann als nachgewiesen gelten, daß zwischen Intelligenz und Rechtschreibung nur eine sehr schwache Beziehung besteht. So konnte bei Schülern der dritten Grundschulklasse die Intelligenz aus der Lese- und Diktatleistung mit einer Wahrscheinlichkeit vorhergesagt werden, die einem Korrelationskoeffizienten von etwa 0,3 entspricht, also nur äußerst gering ist. Umgekehrt ist die Lese- und Rechtschreibleistung wesentlich besser, wenn auch immer noch nicht genügend verläßlich, aus der Intelligenz vorhersagbar. Die hierbei erhaltenen Werte entsprechen Korrelationskoeffizienten von etwa 0,4 bis 0,5 (Höger et al., 1967). Lese- und Rechtschreibleistungen sind also in keiner Weise brauchbare Intelligenzindikatoren.

Solange jedoch die Überzeugung vorherrschte, Rechtschreibung und Lesen würden mit der allgemeinen Begabung zusammenhängen, mußte die Existenz von Kindern Aufsehen erregen, die enorm viele Lese- und Rechtschreibfehler machten, dabei aber trotzdem nicht dumm sind, stellten sie doch etwas dar, was es der herrschenden Auffassung nach gar nicht geben dürfte. Entsprechend war auch die Vorstellung, die man sich von der Legasthenie machte, die einer besonderen Störung. Man vermutete, eine oder mehrere Funktionen, die für das Erlernen des Lesens und Schreibens notwendig sind, fallen bei Legasthenikern aus. Es handelte sich bei ihnen demnach um eine Sondergruppe von Kindern, die spezielle und isolierte Ausfälle aufweisen.

Nachdem bereits Ranschburg (1916) auf die Legasthenie aufmerksam gemacht hatte, rückte dieser Sachverhalt erst vor etwa zehn bis zwanzig Jahren in den Mittelpunkt des allgemeinen Interesses. Die der Legasthenie dabei gegebenen Definitionen betonen bei aller sonstigen Verschiedenheit den Abstand zwischen der Lese- und Rechtschreibleistung einerseits und der allgemeinen Intelligenz andererseits. Die Sichtweise der Legasthenie als isolierte Ausfallserscheinung wird darin deutlich (vgl. u. a. Biglmaier, 1960; Bleidick, 1960; Busemann, 1954; Kirchhoff, 1960). Repräsentativ ist die Definition von Linder (1962): »Unter Legasthenie verstehen wir eine spezielle und aus dem Rahmen der übrigen Leistungen fallende Schwäche im Erlernen des Le-

sens (und indirekt auch des selbständigen orthographischen Schreibens) bei sonst intakter oder (im Verhältnis zur Lesefähigkeit) relativ guter Intelligenz« (S. 13).
Wichtig ist, daß hierbei Legastheniker von anderen Lese- und Rechtschreibschwachen unterschieden werden, deren diesbezügliche Leistungsschwierigkeiten als durch intellektuelle Minderbegabung erklärt gelten.
Wie gesagt, diese Auffassung der Legasthenie als isolierte Ausfallserscheinung wurde wahrscheinlich begünstigt, weil sie die Überzeugung als Hintergrund hatte, Rechtschreib- bzw. Leseleistung seien Ausdruck des allgemeinen Begabungsniveaus. Geht man aber von einer Auffassung aus, die aufgrund experimenteller Ergebnisse Lese- und Rechtschreibleistungen als relativ unabhängig von der allgemeinen Intelligenz ansieht, so ergibt sich ein anderer Begriff der Legasthenie:
Zwei voneinander völlig oder weitgehend unabhängige Merkmale können bei verschiedenen Personen in beliebigen Kombinationen ihrer Ausprägung vorkommen. Vier Grundformen derartiger Verbindungen sind dabei denkbar. Zunächst wird es Personen geben, bei denen eine gute Lese- und Rechtschreibleistung mit höherer Intelligenz zusammenfällt, außerdem eine weitere Gruppe, bei der schlechte Lese- und Rechtschreibleistungen mit geringer Begabung kombiniert ist. Beide Gruppen fallen nicht weiter auf, da sie dem ursprünglichen Vorurteil entsprechen. Eine dritte Gruppe verbindet gute Lese- und Rechtschreibleistungen mit geringer Begabung. Sie fällt zwar auf, kann aber leicht mit dem Argument abgetan werden, es handle sich eben um besonders fleißige Schüler, die sich außergewöhnliche Mühe gäben. Die vierte Gruppe schließlich, bei der eine gute intellektuelle Begabung gemeinsam mit Lese- und Rechtschreibschwierigkeiten auftritt, erregt Aufsehen. Sie würde der Legasthenikergruppe entsprechen. Damit ergibt sich als Alternative zur Legasthenie als isolierte Ausfallserscheinung die Legasthenie als spezifische Kombination der Ausprägung zweier weitgehend voneinander unabhängiger Merkmale, der Lese-Rechtschreibleistung und der Intelligenz.

5.2 Sekundärsymptomatik

Angesichts der Komplexität und vielfältigen Verzweigung psychischer Sachverhalte bleiben Probleme und Konflikte in diesem Bereich nicht für sich alleine bestehen, vielmehr zieht ein primärer Konflikt in der Regel andere nach sich. Auch insofern ist die Legasthenie ein repräsentatives Beispiel für pädagogisch-psychologische Problemsituationen überhaupt.

Die sekundären Probleme ergeben sich ganz allgemein aus dem Umstand, daß die mit dem primären Konflikt belastete Person zunächst mit sich selbst und ihren Schwierigkeiten konfrontiert wird, außerdem sieht sie sich einer Umwelt gegenüber, die aufgrund des primären Konfliktes schwerer zu bewältigen ist und/oder auf den primären Konflikt in einer jeweils spezifischen Weise reagiert.

Im Zusammenhang mit der Legasthenie bedeutet dies, daß ein Kind, das in der Regel mit der Erwartung und dem Willen in die Schule eintritt, gute Leistungen zu bringen und etwas zu lernen, sich der Tatsache gegenübersieht, daß es trotz aller Mühe beim Lesen und Rechtschreiben nicht vorankommt, daß seine Leistungen unzureichend sind. Als direkte Folge davon erlebt es sich als unfähig und minderwertig.

Die Umgebung (Eltern, Lehrer, Mitschüler) reagiert ihrerseits auf dieses Versagen. Zunächst bringen die Erzieher ihre Unzufriedenheit mit den schlechten Leistungen zum Ausdruck, teils als Enttäuschung, teils als Ärger, und es fehlt nicht an Ermahnungen und Tadel, wo Unterstützung eigentlich angebracht wäre. Andererseits wird das Ansehen des legasthenen Kindes bei seinen Klassenkameraden, für die Schulleistungen eine wesentliche Grundlage des Prestiges sind, deutlich gemindert.

Die Bewältigung der Umwelt wird dem Kind durch die Legasthenie insofern erschwert, als die Beherrschung des geschriebenen Wortes von den ersten Schuljahren an ein wesentliches Hilfsmittel zum Verstehen und Erfassen der Welt ist. Damit wird die intellektuelle Entwicklung direkt behindert.

Außerdem stellen sich Lerneffekte ungünstiger Art ein. Zunächst sind die bei Legasthenikern besonders häufigen Mißerfolgserlebnisse von Gefühlen der Unlust begleitet, teils mit resignativer, teils mit aggressiv-protestbetonter Note. Dieser Affekt setzt sich fest, nach dem Prinzip des bedingten Reflexes werden Lesen und Schreiben mit Gefühlen des Unbehagens, der Angst und der Abneigung verbunden. Auf dem Wege der Generalisierung weitet sich dieser Unlustaffekt auf verwandte Gebiete aus, in erster Linie auf Schule und Leistung überhaupt. Letztere werden immer mehr zum auslösenden Signal für Unlusterlebnisse. Diese Unlusterlebnisse wiederum beeinträchtigen jede positive Entwicklung der Leistungsmotivation. Auf solche Weise beeinträchtigte Kinder werden immer mehr entmutigt.

Tatsächlich entspricht dies einem häufig zu beobachtenden Entwicklungsverlauf. Bei Kindern, die in der ersten Klasse noch unauffällig oder gar überdurchschnittlich aufgeweckt waren, wirkt sich im zweiten und dritten Schuljahr die Legasthenie immer deutlicher in den Lese- und Rechtschreibleistungen aus, die Zensuren in Deutsch werden schlecht, während die Leistungen in den übrigen Fächern zunächst gut bzw. unauffällig bleiben. Im vierten und in den folgenden Schuljahren setzt dann ein allgemeines Nachlassen in allen Fächern ein, oft bis weit unter das eigentlich erreichbare Niveau. Vielfach waren auf diesem Wege normal intelligente Kinder in die Sonderschule für Lernbehinderte und Minderbegabte abgeschoben worden.

Die eine sekundäre Symptomatik der Legasthenie besteht also im allgemeinen Rückgang der Leistungsfähigkeit, zunächst mit Schwerpunkt auf der Leistungsmotivation, mit der Zeit aber wegen der dadurch nicht genutzten Lern- und Entfaltungsmöglichkeiten immer mehr auch im Hinblick auf die eigentliche Leistungsfähigkeit. »Dummheit« und »Faulheit« haben sich häufig als Folge und nicht Ursache von Minderleistungen im Lesen und Rechtschreiben erwiesen.

Andere Sekundärsymptome sind wesentlich uneinheitlicher und im Einzelfall nicht ohne weiteres vorhersagbar. Sie bestehen aus unmittelbaren Erlebnisreaktionen sowie aus Einstellungen und instrumentellen Verhaltensweisen, die entwickelt wurden, um die vom betroffenen Kind erfahrene Benachteiligung und Zurücksetzung zumindest in dessen subjektivem Erleben auszugleichen. Oft geschieht dies auf Wegen, die ihrerseits wiederum neue Konflikte heraufbeschwören.

Eher passive und ängstliche Kinder leiden besonders darunter, wegen ihrer Minderleistung von den erwachsenen Beziehungspersonen weniger Zuneigung zu erhalten, in ihren Augen an Wert zu verlieren. Teilweise ziehen sie sich ängstlich nur noch mehr zurück und entwickeln eine besonders starke Empfindlichkeit und Verletzbarkeit, teilweise zeigen sie regressive Reaktionen, d. h. sie fallen in ihrem Verhalten auf eine längst vergangene Entwicklungsstufe zurück, die frei von derart belastenden Leistungsanforderungen war und als wesentlich erstrebenswerter erscheint. Gesteigerte Infantilität ist die Folge, oft auch begleitet von speziell kleinkindhaften Symptomen wie z. B. Daumenlutschen, Einnässen usw.

Kinder, die eher aktiv-ausgreifend reagieren und mehr dazu neigen, sich zur Wehr zu setzen, bilden demgegenüber mehr eine generelle Feindseligkeit gegenüber der Umwelt aus. Sie beant-

worten die erfahrenen Benachteiligungen und Enttäuschungen auf aggressive Weise. Teilweise versuchen sie, das Defizit an Anerkennung, Geltung und Durchsetzung auf Wegen auszugleichen, die sie mit sozialen Normen in Konflikt bringen. Häufig schließen sich diese Kinder und Jugendlichen dabei Außenseitergruppen an. Im Zuge einer so gearteten Entwicklung kommt es nicht selten zu kriminellen Handlungen, der Aufbau einer angemessenen beruflichen Existenz und die Eingliederung in die Gesellschaft sind gefährdet (vgl. u. a. Weinschenk, 1965).
Es liegt nahe, daß solche Sekundärreaktionen wiederum zu neuen Komplikationen führen. Damit gerät nur zu leicht die gesamte Persönlichkeitsentwicklung in den Sog des primären Problems, der Legasthenie.
In der Praxis der Erziehungsberatung stellt sich dementsprechend bei Kindern und Jugendlichen, die wegen der verschiedensten Verhaltensstörungen vorgestellt werden, überaus häufig eine Legasthenie als primärer Konflikt heraus.

5.3 Zur Phänomenologie und Ätiologie

Angesichts der Möglichkeit solch gravierender Konsequenzen liegt es nur zu nahe, nach Wegen zu suchen, Legastheniker frühzeitig zu erkennen, möglichst bevor diese Schwäche wirklich zum Problem wird und die Entwicklung von Sekundärsymptomen einsetzt. Zu diesem Zweck ist es notwendig, zunächst die Erscheinungsformen der Legasthenie zu untersuchen.
Wie bereits erwähnt, wurde in der ersten Phase der Erforschung Legasthenie als isolierte Ausfallserscheinung und umschriebene Störung verstanden. Die Diagnose kann dann in der Regel so gestellt werden, daß zunächst anhand eines Schulleistungstests die Lese- und Rechtschreibleistung bestimmt wird. Ist sie deutlich unterdurchschnittlich, so wird mittels eines Intelligenztests die intellektuelle Begabung überprüft. Liegt sie deutlich über der Lese- und Rechtschreibleistung, so handelt es sich wahrscheinlich um eine Legasthenie. Um dieses Verfahren abzukürzen, versuchte man, spezifische Symptome zu finden, die einfach festzustellen sind und Legastheniker von anderen Lese- und Rechtschreibschwachen unterscheiden lassen. Außerdem erhoffte man sich daraus Hinweise für eine gezielte und damit erfolgreichere Behandlung.
Man glaubte festgestellt zu haben, das Legastheniker spezifische Fehler machen. Vor allem war man aufgrund von Beobachtun-

gen der Ansicht, sie würden ähnlich aussehende Buchstaben verwechseln, besonders wenn es sich um spiegelbildliche Ähnlichkeiten handelt, wie z. B. bei p und q, b und d, ei und ie, W und M, außerdem fänden sich gehäuft Verwechslungen ähnlicher Laute wie b und p, d und t, g und k. Daraufhin wurden Raumlagelabilität und beeinträchtigte akustische Unterscheidungsfähigkeit als Grundsymptome der Legasthenie angenommen.
Sehr bald aber wurden kritische Stimmen laut, die darauf hinwiesen, daß derartige Fehler bei allen vorkämen, auch bei guten Rechtschreibern. Exakte Untersuchungen zu diesem Problem kommen teilweise zu dem Ergebnis, es gebe keine spezifischen Legasthenikerfehler (Tordrup, 1963). Soweit Unterschiede der Fehlerarten zwischen Legasthenikern und Lese- und Rechtschreibschwachen mit geringerer Intelligenz nachgewiesen werden konnten, bestehen sie in minimalen Häufigkeitsunterschieden und sind daher zu diagnostischen Zwecken nicht geeignet (z. B. Höger et al., 1967). Schmalohr und Winkelmann (1969) halten aufgrund eingehender Untersuchungen eine aus den Fehlern abgeleitete Theorie der Legasthenie (zumindest bezüglich der Rechtschreibung) für nicht möglich, eine darauf aufbauende Diagnose nicht für effektiv. Allerdings: Noch nicht geklärt ist die Frage, ob die in den einschlägigen Arbeiten verwendeten Kategoriensysteme der Fehler (vgl. u. a. Tamm, 1967) optimal sind, zumindest sind sie nicht empirisch begründet, so daß eine abschließende Beurteilung zur Zeit noch nicht vorgenommen werden kann. In jedem Falle aber haben sich die ursprünglich gehegten Hoffnungen nicht erfüllt.
Schubenz und Buchwald (1964) kamen in Untersuchungen zu dem Ergebnis, daß bei Legasthenikern Fehler bei Buchstaben um so häufiger sind, je seltener diese in der deutschen Sprache vorkommen. Sie schließen daraus, daß eine Speicherschwäche als Ursache der Legasthenie angesehen werden kann. Je seltener diesem Speicher die jeweiligen Buchstabenbilder eingeprägt werden, um so unsicherer stehen sie zur Verfügung. Hierzu ist jedoch kritisch zu bemerken, daß dies nicht die einzig mögliche Erklärung ist. Auch bei normal leistungsfähigem Speicher entstünden Unsicherheiten bei seltenen Buchstabenbildern, wenn die in ihm eintreffenden Eindrücke bereits unscharf sind. Demnach stünden die Ergebnisse von Schubenz und Buchwald auch mit einer Theorie in Einklang, die Legasthenie auf eine Schwäche in der Wahrnehmungs- und Differenzierungsfähigkeit für optische (Buchstaben bzw. Wortbilder) und/oder akustische (Sprachlaute, Lautverbindungen) Sinneseindrücke zurückführt. Damit

würden auch die Ergebnisse von Knabe (1969) übereinstimmen, wonach die Lese- und Rechtschreibleistung am besten durch die akustische Assoziations- und Diskriminierungsfähigkeit erklärt wird.

Anders liegen die Verhältnisse, wenn Legasthenie nicht als isolierte Ausfallserscheinung, sondern als spezifische Kombination der Ausprägung zweier weitgehend unabhängiger Merkmale aufgefaßt wird. Man hätte es dann ganz allgemein mit dem Problem zu tun, die Bedingungen verminderter Lese- und Rechtschreibleistungen zu erkunden, wobei die Ergebnisse, die mit der ursprünglichen Legasthenieauffassung erzielt wurden, auf ihre Gültigkeit für alle Lese-Rechtschreibschwachen hin zu überprüfen wären. Legastheniker als Sondergruppe im Sinne der Definition von Linder (vgl. S. 120 f.) würden dann gar nicht mehr existieren. Eventuell doch nachweisbare Unterschiede der Häufigkeiten bestimmter Fehlerarten zwischen Lese-Rechtschreibschwachen mit verschiedener Intelligenzhöhe wären als Kompensationseffekte erklärbar: Mittels intellektueller Einsicht dürften manche Fehler mehr als andere vermeidbar sein, so daß bei verschiedenen Intelligenzstufen unterschiedliche Fehlerprofile auftreten müßten.

Erst wenn es gelänge, innerhalb der Gruppe der Lese- und Rechtschreibschwachen eine Untergruppe der intellektuell gut Begabten zu isolieren, die gleichzeitig bei bestimmten Funktionen isolierte Ausfallserscheinungen aufweisen, wäre die Berechtigung, von Legasthenikern als einer Sondergruppe zu sprechen, endgültig gegeben. Die Entscheidung, ob es die Legasthenie in diesem Sinne überhaupt gibt, muß die zukünftige experimentelle Forschung bringen.

Bis dahin wird es zweckmäßig sein, sich dem Problem der Lese- und Rechtschreibschwäche ganz allgemein zu widmen, sind doch ihre Folgen im Prinzip für alle Schüler dieselben, gleichgültig wie die sonstige Begabung ausgeprägt ist. Zugegeben sei, daß das Problem bei solchen Kindern besonders dringlich erscheint, denen die Chance einer höheren Schulbildung durch eine derartige Schwäche zunichte wird.

5.4 Prinzipien der Behandlung

Bei dem Versuch, spezifische Symptome der Legasthenie herauszuarbeiten, hat sich das Problem Legasthenie unversehens erweitert und von einer endgültigen Aufklärung eher noch weiter entfernt. Nach wie vor besteht jedoch die Notwendigkeit des Handelns, wenn die sekundären Symptome der Legasthenie vermieden werden sollen. Dabei bestehen in erster Linie zwei Ansatzpunkte. Einmal muß versucht werden, die vorhandene Minderleistung auszugleichen, den Schüler soweit wie nur möglich in seinen Lese- und Rechtschreibleistungen zu fördern. Außerdem gilt es, eine Verschärfung des Konfliktes und damit das Entstehen von Fehlentwicklungen im Sinne sekundärer Symptome von vorneherein zu vermeiden. Sofern sich bereits eine Sekundärsymptomatik ausgebildet hat, erfordert auch sie eine Behandlung.

Angesichts der letztlich ungeklärten Phänomenologie und Ätiologie der Legasthenie wird bei dem Bemühen, diese Minderleistung auszugleichen, der in dieser Situation einzig gangbare Weg beschritten: In pragmatischer Weise trainieren speziell ausgebildete Pädagogen und Psychologen mit den betroffenen Kindern. Das Trainingsprogramm hängt dabei weitgehend auch von den speziellen Rechtschreib- und Leseschwierigkeiten ab, die die einzelnen Kinder haben und wie sie sich aus ihren Fehlern ergeben (vgl. hierzu Schenk-Danzinger, 1968; Ingenkamp, 1967).

Verwechselt beispielsweise ein Schüler besonders häufig b mit p, g mit k, d mit t, so liegt vermutlich eine Schwäche der akustischen Diskriminationsfähigkeit vor, die durch intensive Übungen zur Unterscheidung ähnlicher Laute mehr oder weniger ausgeglichen werden kann. Neben diesem Training des Erfassens von Laut- und Klangbildern werden in analoger Weise Wortbilder geübt, ebenso die Orientierung nach »oben« und »unten«, »links« und »rechts« auf der Schreib- und Zeichenfläche, das Gedächtnis und die Konzentration. Den Kern der Behandlung bilden jedoch speziell ausgearbeitete, systematische Übungen im Lesen und Rechtschreiben.

Was die Behandlung der Sekundärsymptomatik betrifft, so gilt es zunächst, unnötige Belastungen des Schülers zu vermeiden, ihn selbst und seine Umgebung (Eltern, Lehrer, Mitschüler) aufzuklären. Vor allem ist es erforderlich, Mißerfolgserlebnisse möglichst zu vermeiden, und, wo dies nicht erreichbar ist, sie zu entschärfen. Statt dessen trägt jeder Hinweis auf erzielte Fortschritte zur Ermutigung bei. Günstig ist es, wenn der betroffene Schüler in seinen Erziehern nicht eine tadelnde Instanz für Minderleistungen (die er nicht verschuldet hat) sieht, sondern Verbündete in dem Bestreben, mit Schwierigkeiten fertig zu werden.

Soweit bereits Fehlentwicklungen schwerwiegenderer Art eingesetzt haben, ist eine psychotherapeutische Behandlung erforderlich, auf deren Arbeitsprinzipien einzugehen den hier gesteckten Rahmen sprengen würde (vgl. hierzu Tausch und Tausch, 1956; Blöschl, 1969; Biermann, 1969).
Vielleicht wurde deutlich, wie die pädagogische Psychologie zunächst das Verdienst beanspruchen kann, das Problem der Legasthenie erkannt und ins allgemeine Bewußtsein gehoben zu haben, wurde doch damit die Ursache vieler Leistungs- und Verhaltensstörungen, die vorher unerklärlich und unzulänglich erschienen, einer wirkungsvollen Behandlung näher gebracht. Die anschließende Forschungstätigkeit eröffnete zwar eher mehr Probleme, als daß sie eine endgültige Klärung herbeiführte, die gewonnenen Ergebnisse ermöglichen aber immerhin, das pädagogische Handeln bei der Behandlung der Legasthenie zumindest teilweise wissenschaftlich zu begründen, während gleichzeitig der Erkenntnisprozeß weiterläuft.
In gleicher Weise wird es Charakteristikum der pädagogischen Psychologie überhaupt bleiben, auf Probleme hinzuweisen, sie erfaßbar zu machen und zu präzisieren und das praktische Handeln entsprechend dem Stand des Wissens zu begründen und gleichzeitig im wissenschaftlichen Erkenntnisprozeß stetig voranzuschreiten.

Literaturverzeichnis

Adorno, T. W., Frenkel-Brunswik, E., Levinson, D. J., Sanford, R. N.: The authoritarian personality. New York 1950.

Allport, G. W.: Persönlichkeit. 2. Aufl. Meisenheim a. Glan 1959.

Attneave, F.: Informationstheorie in der Psychologie. Bern/Stuttgart 1965.

Ausubel, D. P.: Theory and problems of child development. New York 1958.
- Educational psychology – a cognitive view. New York 1968.

Baltes, P. B.: Methodologische Überlegungen zur Erfassung der Beziehungen zwischen Erwachsenen und Jugendlichen. In: Herrmann, Th. (Hrsg.): Psychologie der Erziehungsstile. 2. Aufl. Göttingen 1970.

Bandura, A.: Social learning through imitation. In: Jones, M. R. (Hrsg.): Nebraska symposium on motivation. Lincoln 1962.
- Vicarious processes: a case of no trial learning. In: Berkowitz, L. (Hrsg.): Advances in experimental social psychology. Bd. 2. New York 1965.
-, Walters, R. H.: Social learning and personality development. London, New York, Sidney, Toronto 1963.

Bastine, R., Charlton, M., Grässner, D., Schwarzel, W.: Konstruktion eines »Fragebogens zur direktiven Einstellung« vor Lehrern (FDE). Z. Entw. psychol. u. Päd. Psychol. 1, 1969, 176–189.

Becker, W. C., Krug, R. S.: The parent attitude research instrument – a research review. Child Development 36, 1965, 329–365.

Belser, H.: Verfahren und Probleme der Entwicklung von Gruppen-Intelligenztests, dargestellt am Frankfurter Analogietest. Weinheim 1967.

Bergius, R.: Übungsübertragung und Problemlösen. In: Bergius, R. (Hrsg.): Handbuch d. Psychologie Bd. I, 2 Lernen und Denken. Göttingen 1964.
- Analyse der »Begabung«: Die Bedingungen des intelligenten Verhaltens. In: Roth, H. (Hrsg.): Begabung und Lernen. 5. Aufl. Stuttgart 1970.
- Psychologie des Lernens. Stuttgart 1971.

Bernstein, B.: A socio-linguistic approach to social learning. In: Gould, J. (Hrsg.): Penguin survey of the social sciences 1965. London 1965.

Bettelheim, B.: Die Kinder der Zukunft. Wien/München/Zürich 1969.

Biermann, G. (Hrsg.): Handbuch der Kinderpsychotherapie. München 1969.

Biglmaier, F.: Lesestörungen. Diagnose und Behandlung. München/Basel 1960.

Birth, K., Prillwitz, G.: Führungsstile und Gruppenverhalten von Kindern. Z. Psychol. 163, 1959, 230–301.

Bleidick, U.: Der gegenwärtige Stand der Lese-Rechtschreibforschung. Schule u. Psychol. 7, 1960, 65–82.

Blodgett, H. C.: The effect of the introduction of reward upon the maze performance of rats. Univ. Calif. Publ. Psychol. 4, 1929, 113–134.

Blöschl, L.: Grundlagen und Methoden der Verhaltenstherapie. Bern/Stuttgart/Wien 1969.

Bronfenbrenner, U.: Socialization and social class through time and space. In: Maccoby, E. E., Newcomb, T. M., Hartley, E. L. (Hrsg.): Readings in social psychology. New York 1958.

Busemann, A.: Angeborene Leseschwäche (Legasthenie). Schule u. Psychol. 1, 1954, 15–22.

Buss, A. H.: The psychology of aggression. New York 1961.

Carter, R. S.: How invalid are marks assigned by teachers. J. Educ. Psychol. 43, 1952, 218–228. (Deutsch in: Ingenkamp, K. [Hrsg.]: Die Fragwürdigkeit der Zensurengebung. Weinheim/Berlin/Basel 1971).

Cattell, R. B. (Hrsg.): Handbook of multivariate experimental psychology. Chicago 1966.

–, Stice, G. F., Kristy, N. F.: A first approximation to nature-nurture-ratios for eleven primary personality factors in objective tests. J. Abnorm. Soc. Psychol. 54, 1957, 143–159.

Chauncey, H., Dobbin, J. E.: Der Test im modernen Bildungswesen. Stuttgart 1968.

Cronbach, L. J., Gleser, G. C.: Psychological tests and personnel decisions. 2. Aufl. Urbana 1965.

Denmark, F., Diggory, J. C.: Sex differences in attitudes toward leaders' display of authoritarian behavior. Psychol. Reports 18, 1966, 863–872.

Derbolav, J., Roth, H. (Hrsg.): Psychologie und Pädagogik. Heidelberg 1959.

Döring, W. O.: Untersuchungen zur Psychologie des Lehrers. Leipzig 1925.

Dollard, J., Doob, L. W., Miller, N. E., Mowrer, O. H., Sears, R. R.: Frustration and aggression. New Haven 1939. (Deutsch: Frustration und Aggression. Weinheim 1970.)

Doman, G.: Wie kleine Kinder lesen lernen. 2. Aufl. Freiburg i. Br. 1966.

Dorsch, F.: Psychologisches Wörterbuch. 7. Aufl. Hamburg/Bern 1963.

Drenth, P. J. D.: Der psychologische Test. München 1969.

Ebbinghaus, H.: Über das Gedächtnis. Leipzig 1885.

Eells, W. C.: Reliability of repeated grading of essay type examinations. J. Educ. Psychol. 21, 1930, 48–52. (Deutsch in: Ingenkamp, K. [Hrsg.]: Die Fragwürdigkeit der Zensurengebung. Weinheim/Berlin/Basel 1971.)

v. Ehrenfels, Ch.: Über Gestaltqualitäten. Vierteljahresschrift für Philosophie 14, 1890.

Ertel, S.: Die emotionale Natur des »semantischen« Raumes. Psychol. Forschung 28, 1964, 1–32.

Estes, W. K.: Probability learning. In: Melton, A. W. (Hrsg.): Categories of human learning. New York 1964.

Ewert, O.: Erziehungsstile in ihrer Abhängigkeit von soziokulturellen Normen. In: Herrmann, Th. (Hrsg.): Psychologie der Erziehungsstile. 2. Aufl. Göttingen 1970.

Eyferth, K.: Das Lernen von Haltungen, Bedürfnissen und sozialen Verhaltensweisen. In: Bergius, R. (Hrsg.): Handbuch d. Psychologie Bd. I, 2 Lernen und Denken. Göttingen 1964.
- Methoden zur Erfassung von Erziehungsstilen. In: Herrmann, Th. (Hrsg.): Psychologie der Erziehungsstile. 2. Aufl. Göttingen 1970.

Ferdinand, W., Kiwitz, H.: Über die Häufigkeitsverteilung der Zeugnisnoten 1 bis 6. Neue Deutsche Schule 16, 1964, 162–165.

Fiedler, F. E.: A contingency model of leadership effectiveness. In: Berkowitz, L. (Hrsg.): Advances in experimental social psychology. Bd. 1. New York/London 1964.
- Führungsstil und Leistung koagierender Gruppen. Z. exp. angew. Psychol. 14, 1967, 200–217.

Finlayson, D. S.: The reliability of marking essays. Brit. J. Educ. Psychol. 11, 1951, 126–134. (Deutsch in: Ingenkamp, K. [Hrsg.]: Die Fragwürdigkeit der Zensurengebung. Weinheim/Berlin/Basel 1971.)

Fischer, A.: Über Reproduzieren und Wiedererkennen bei Gedächtnisversuchen. Z. Psychol. 50, 1909, 62–92.

Foppa, K.: Lernen, Gedächtnis, Verhalten. Ergebnisse und Probleme der Lernpsychologie. 2. Aufl. Köln/Berlin 1966.

Fuchs, R.: Formale Bildung im Lichte der Untersuchungen zum Transfer-Problem: Transfer von Fertigkeiten. Psychol. Beitr. 3, 1957, 265–280.

Gagné, R. M.: Die Bedingungen des menschlichen Lernens. 2. Aufl. Hannover 1970.

Gebauer, T.: Vergleichende Untersuchung über den Voraussagewert von Aufnahmeprüfung und Testuntersuchung für den Erfolg auf weiterführenden Schulen. In: Ingenkamp, K. (Hrsg.): Schulkonflikt und Schülerhilfe. Weinheim 1965.

Gesell, A., Thompson, H.: Learning and growth in identical infant twins: an experimental study by the method of co-twin control. Genet. Psychol. Monogr. 6, 1929, 1–24.

Getzels, J. W., Jackson, P. W.: The teacher's personality and characteristics. In: Gage, N. L. (Hrsg.): Handbook of research on teaching. 4. Aufl. New York 1965.

Gibson, E. J., Walk, R. D.: The effect of prolonged exposure to visually presented patterns on learning to discriminate them. J. Comp. Physiol. Psychol. 49, 1956, 239–242.

Glidewell, J. C. (Hrsg.): Parental attitudes and child behavior. Springfield 1961.

Glueck, S., Glueck, E. T.: Family environment and delinquency. London 1962.

Goldfarb, W.: Infant rearing and problem behavior. Amer. J. Orthopsychiatr. 13, 1943, 245–265.

Gottschaldt, K.: Die Methodik der Persönlichkeitsforschung in der Erbpsychologie. 2. Aufl. Leipzig 1949.

Graefe, G.: Bedingungskonstellationen für Schulerfolg und Schulversagen. Psychol. Inst. d. Univ. Münster, unveröffentl. 1964.

Graumann, C. F.: Motivation. Einführung in die Psychologie Bd. 1 Frankfurt 1969.

Großmann, K., Großmann, K. E.: Frühe Reizung und frühe Erfahrung: Forschung und Kritik. Psychol. Rdsch. 20, 1969, 173–198.

Hadley, T. S.: A school mark – fact or fancy. Educ. Administration and Supervision 40, 1954, 305–312. (Deutsch in: Ingenkamp, K. [Hrsg.]: Die Fragwürdigkeit der Zensurengebung. Weinheim/Berlin/Basel 1971.)

Harlow, H. F.: The formation of learning sets. Psychol. Rev. 56, 1949, 51–65.

Hartog, P., Rhodes, E. C.: An examination of examinations. 2. Aufl. London 1936.

Haseloff, O. W., Jorswieck, E.: Psychologie des Lernens. Berlin 1970.

Hasemann, K.: Kriterien der Hochschulreife. Weinheim/Berlin/Basel 1970.

Hathaway, S. R., McKinley, J. C.: Minnesota multiphasic personality inventory. Minneapolis 1940, 1943.

Haythorn, W., Couch, A., Haefner, D., Langham, P., Charter, L.: The effects of varying combinations of authoritarian and equalitarian leaders and followers. J. Abn. Soc. Psychol. 53, 1956, 210 bis 219.

Hebb, D. O.: Einführung in die moderne Psychologie. Weinheim/Berlin 1967.

Heckhausen, H.: Hoffnung und Furcht in der Leistungsmotivation. Meisenheim a. Glan 1963.
– Leistungsmotivation. In: Thomae, H. (Hrsg.): Handbuch d. Psychologie Bd. 2 Motivation. Göttingen 1965.
– Einflüsse der Erziehung auf die Motivationsgenese. In: Herrmann, Th. (Hrsg.): Psychologie der Erziehungsstile. 2. Aufl. Göttingen 1970.
–, Kemmler, L.: Entstehungsbedingungen der kindlichen Selbständigkeit. Der Einfluß der mütterlichen Selbständigkeitserziehung auf die seelisch-soziale Schulreife der Söhne. Z. exp. angew. Psychol. 4, 1957, 603–622.

Heiß, R.: Die Lehre vom Charakter. 2. Aufl. Berlin 1949.
– (Hrsg.): Handbuch d. Psychologie Bd. 6 Psychologische Diagnostik. Göttingen 1964.

Herrmann, Th.: Lehrbuch der empirischen Persönlichkeitsforschung. Göttingen 1969.
– (Hrsg.): Psychologie der Erziehungsstile. 2. Aufl. Göttingen 1970.
–, Schwitajewski, E., Ahrens, H. J.: Untersuchungen zum elterlichen Erziehungsstil: Strenge und Unterstützung. Arch. ges. Psychol. 120, 1968, 74–105.
–, Stapf, A., Krohne, H. W.: Die Marburger Skalen zur Erfassung des elterlichen Erziehungsstils. Diagnostica 17, 1971, 118–131.
–, Stapf, K. H., Stäcker, K. H.: Elterliche Bekräftigung in der Erziehung. In: Reinert, G. (Hrsg.): Ber. 27. Kongr. d. D. G. f. Ps. in Kiel 1970. Göttingen 1972 (im Druck).

Hetzer, H. (Hrsg.): Handbuch d. Psychologie Bd. 10 Pädagogische Psychologie. Göttingen 1959.

Hilgard, E. R., Bower, G. H.: Theories of learning. 3. Aufl. New York 1966.

Hitpaß, J.: Vergleichende Untersuchung über den Voraussagewert von Aufnahmeprüfung und Testprüfung zur Erfassung der Eignung für die weiterführende Schule. Schule u. Psychol. 8, 1961, 65–71.
– Bericht über eine sechsjährige Bewährungskontrolle von Aufnahmeprüfung und Testprüfung. Schule u. Psychol. 10, 1963, 211–218.

- Verlaufsanalyse des schulischen Schicksals eines Sextaner-Jahrgangs von der Aufnahme- bis zur Reifeprüfung. Schule u. Psychol. 14, 1967, 371–378.
Hoffmann, M. L.: Power assertion by the parents and its impact on the child. Child Development 31, 1960, 129–143.
Hofstätter, P. R., Wendt, D.: Quantitative Methoden der Psychologie. 3. Aufl. München 1967.
Höger, D.: Analyse der Intelligenzstruktur bei männlichen Gymnasiasten der Klassen 6 bis 9 (Untersekunda–Oberprima). Psychol. Forschung 27, 1964, 419–474.
–, Neidel, A., Schmidt-Dumont, A.: Untersuchung über die Häufigkeit charakteristischer Fehlerarten bei Legasthenikern. Diagnostica 8, 1967, 156–167.
Hopp, A. D., Lienert, G. A.: Eine Verteilungsanalyse von Gymnasialzensuren. Schule u. Psychol. 12, 1965, 139–150.
Hörmann, H.: Bedingungen für das Behalten, Vergessen und Erinnern. In: Bergius, R. (Hrsg.): Handbuch d. Psychologie Bd. I, 2 Lernen und Denken. Göttingen 1964.
Hull, C. L.: Principles of behavior. New York 1943.
– Essentials of behavior. New Haven 1951.
Hürsch, L.: Der Einfluß verschiedener Versuchssituationen auf die Faktorenstruktur der Intelligenz. Bern/Stuttgart/Wien 1970.
Ingenkamp, K. (Hrsg.): Lese- und Rechtschreibschwäche bei Schulkindern. 3. Aufl. Weinheim/Berlin 1967.
– Sind Zensuren aus verschiedenen Klassen vergleichbar? betrifft: erziehung 2, 1969, 11–14.
– Möglichkeiten und Grenzen des Lehrerurteils und der Schultests. In: Roth, H.: Begabung und Lernen. 5. Aufl. Stuttgart 1970.
– (Hrsg.): Die Fragwürdigkeit der Zensurengebung. Weinheim/Berlin/Basel 1971.
Janssen, J. P.: Kritische Bemerkungen zu Validitätsstudien mit den Prädiktoren »Schulnoten« und »Intelligenztests«. Diagnostica 18, 1972, 26–37.
Judd, C. H.: The relation of special training to general intelligence. Educ. Rev. 36, 1908, 28–42.
Katona, G.: Organizing and memorizing. New York 1940.
Katz, D.: Gestaltpsychologie. 2. Aufl. Basel 1948.
Kemmler, L.: Erfolg und Versagen in der Grundschule. Göttingen 1967.
Kern, A.: Grundleistungstests zur Ermittlung der Schulreife. Weinheim 1957.
– Sitzenbleiberelend und Schulreife. 4. Aufl. Freiburg i. Br. 1963.
Kimble, G. A.: Hilgard and Marquis' conditioning and learning. 2. Aufl. New York 1961.
Kirchhoff, H.: Verbale Lese- und Rechtschreibschwäche im Kindesalter. Basel 1960.
Knabe, G.: Multidimensionale experimentelle Analysen des Legasthenie-Syndroms. Z. exp. angew. Psychol. 16, 1969, 570–612.
Köhler, W.: Intelligenzprüfungen an Anthropoiden. Berlin 1917.
– Nachweis einfacher Strukturfunktionen beim Schimpansen und beim Haushuhn. Berlin 1918.

Kohn, M. L.: Social class and parental values. Amer. J. Sociol. 64, 1959, 337–351.
- Social class and parent-child relationship. Amer. J. Sociol 68, 1963, 471–480.
Kornadt, H.-J.: Einflüsse der Erziehung auf die Aggressivitätsgenese. In: Herrmann, Th. (Hrsg.): Psychologie der Erziehungsstile. 2. Aufl. Göttingen 1970.
Landreth, C., Read, K. H.: Education of the young child: a nursing school manual. New York 1942.
Levy, D. M.: Maternal overprotection. New York 1943.
Lewin, K.: Die Lösung sozialer Konflikte. Bad Nauheim 1953.
Lienert, G. A.: Testaufbau und Testanalyse. 3. Aufl. Weinheim/Berlin 1969.
Lietzmann, W.: Über die Beurteilung der Leistungen in der Schule. Mathematisches, Psychologisches, Pädagogisches. Leipzig/Berlin 1927.
Linder, M.: Lesestörungen bei normal begabten Kindern. Zürich 1962.
Lippitt, R., White, R. K.: The "social climate" of children's groups. In: Baker, R. G., Kounin, J. S., Wright, H. F. (Hrsg.): Child behavior and Development. New York, London 1943.
- An experimental study of leadership and group life. In: Newcomb, T. M., Hartley, E. L. (Hrsg.): Readings in social psychology. New York 1947.
Lorenz, K.: Das sogenannte Böse. Zur Naturgeschichte der Aggression. Wien 1963.
MacFarlane, D. A.: The role of kinesthesis in maze learning. Univ. Calif. Publ. Psychol. 4, 1930, 277–305.
Marsolek, Th., Ingenkamp, K.: Literatur über Tests im Bereich der Schule. Weinheim/Berlin/Basel 1968.
McClelland, D. C., Atkinson, J. W., Clark, R. A., Lowell, E. L.: The achievement motive. New York 1953.
Meade, R.: An experimental study of leadership in India. J. Soc. Psychol. 72, 1967, 35–43.
-, Whittaker, J. A.: A cross-cultural study of authoritarianism. J. Soc. Psychol. 72, 1967, 3–7.
Meis, R.: Kettwiger Schulreifetest. Weinheim/Berlin/Basel 1967.
Miller, N. E.: Studies of fear as an aquirable drive: I Fear as motivation and fear reduction as reinforcement in learning of new responses. J. Exp. Psychol. 38, 1948, 89–101.
-, Dollard, J.: Social learning and imitation. New Haven 1941.
Mowrer, O. H.: Learning theory and personality dynamics. New York 1950.
- Learning theory and the symbolic processes. New York 1960.
Nichols, R. C. A.: Factor analysis of parental attitudes of fathers. Child Development 33, 1963, 791–802.
Oevermann, U.: Schichtenspezifische Formen des Sprachverhaltens und ihr Einfluß auf die kognitiven Prozesse. In: Roth, H. (Hrsg.): Begabung und Lernen. 5. Aufl. Stuttgart 1970 a.
- Sprache und soziale Herkunft. Berlin 1970 b.
Ohlsson, R.: Vergleich des Schwierigkeitsgrades der Sexta-Aufnahmeprüfungen an verschiedenen Orten. Mat. nat. Diss. Köln 1964.
Orlik, P.: Kritische Untersuchungen zur Begabtenförderung. Meisenheim a. Glan 1967.

Paul, H.: Begabungsreserven bei Arbeiterkindern. In: Merz, F. (Hrsg.): Ber. 25 Kongr. d. D. G. f. Ps. in Münster 1966. Göttingen 1967.

Pawlow, J. P.: Sämtliche Werke. Berlin 1953.

Ranschburg, P.: Die Leseschwäche (Legasthenie) und Rechenschwäche (Arithmasthenie) der Schulkinder im Lichte des Experiments. Berlin 1916.

Rau, P.: Zur Vorhersagbarkeit der Schulleistung mit Hilfe des IST-Amthauer bei männlichen Gymnasiasten. Zul. Arbeit. Freiburg i. Br. 1971 (unveröff.).

Rein, H.: Einführung in die Physiologie des Menschen. Hrsg. von M. Schneider. 12. Aufl. Berlin/Göttingen/Heidelberg 1956.

Ribble, M. A.: The rights of infants. New York 1943.

Ritter, H., Engel, W.: Genetik und Begabung. In: Roth, H. (Hrsg.): Begabung und Lernen. 5. Aufl. Stuttgart 1970.

Rosen, B. C., D'Andrade, R.: The psycho-social origin of achievement motivation. Sociometry 22, 1959, 185–217.

Roth, H. (Hrsg.): Begabung und Lernen. 5. Aufl. Stuttgart 1970.

Rousseau, J. J.: Emil oder über die Erziehung. Paderborn 1958.

Schaefer, E. S.: Covering conceptual models for maternal behavior and for child behavior. In: Glidewell, J. C. (Hrsg.): Parental attitudes and child behavior. Springfield 1961.

–, Bell, R. Q.: Development of a parental attitude research instrument. Child Development 29, 1958, 339–361.

Schelsky, H.: Schule und Erziehung in der industriellen Gesellschaft. Würzburg 1957.

Schenk-Danzinger, L.: Probleme der Legasthenie. Schweiz. Z. Psychol. 20, 1961, 29–48.

– (Hrsg.): Handbuch der Legasthenie im Kindesalter. Weinheim/Berlin/Basel 1968.

– Schuleintrittsalter, Schulfähigkeit und Lesereife. Stuttgart 1969.

Schiefele, H.: Sind unsere Noten gerecht? Welt d. Schule 13, 1960, 251–257.

Schmalohr, E., Winkelmann, W.: Eine gruppen- und textspezifische Analyse von Rechtschreibfehlern. Z. exp. angew. Psychol. 16, 1969, 613–635.

Schubenz, S., Buchwald, R.: Untersuchungen zur Legasthenie I. Die Beziehung der Legasthenie zur Auftretenshäufigkeit der Buchstaben in der deutschen Sprache. Z. exp. angew. Psychol. 11, 1964, 155–168.

Schultze, W.: Über den Voraussagewert der Auslesekriterien für den Schulerfolg am Gymnasium. Forschungsbericht Nr. 1 der Max-Traeger-Stiftung. Frankfurt 1964.

Sears, R. R., Maccoby, E. E., Levin, H.: Patterns of child rearing. Evanston 1957.

–, Rau, L., Alpert, R.: Identification and child rearing. Stanford 1965.

Secord, P. F., Backman, C. W.: Social psychology. New York 1964.

Selg, H.: Einführung in die experimentelle Psychologie. Stuttgart 1966.

–, Bauer, W.: Forschungsmethoden der Psychologie. Stuttgart 1971.

Shaw, M. C.: Note on parent attitudes toward independence training and academic achievement of their children. J. Educ. Psychol. 55, 1964, 371–374.

Skinner, B. F.: The behavior of organisms. New York 1938.
- Science and human behavior. New York 1953.
Slater, P. E.: Parental behavior and the personality of the child. J. Genet. Psychol. 101, 1962, 53–68.
Spitz, R. A.: Vom Säugling zum Kleinkind. 2. Aufl. Stuttgart 1969.
Starch, D., Elliot, E. C.: Reliability of grading high school work in mathematics. School review 21, 1913, 254–259. (Deutsch in Ingenkamp, K. [Hrsg.]: Die Fragwürdigkeit der Zensurengebung. Weinheim/Berlin/Basel 1971).
Stephan, E.: Beziehungen zwischen Variablen des Unterrichtsverhaltens und persönlichen Einstellungen bei Lehrern der Grund- und Hauptschule. Phil. Diss. Freiburg i. Br. 1971 (unveröffentl.).
Stern, W.: Allgemeine Psychologie auf personalistischer Grundlage. Haag 1935.
Tamm, H.: Die in der Schule durchführbare Fehleranalyse (Rechtschreiben). In: Ingenkamp, K. (Hrsg.): Lese- und Rechtschreibschwäche bei Schulkindern. 3. Aufl. Weinheim/Berlin 1967.
Tausch, R.: Merkmalsbeziehungen und psychologische Vorgänge in der Sprachkommunikation des Unterrichts. Z. exp. angew. Psychol. 9, 1962, 474–508.
- Gesprächspsychotherapie. 4. Aufl. Göttingen 1970.
-, Tausch, A.: Kinderpsychotherapie in nicht-direktivem Verfahren. Göttingen 1956.
-, Tausch, A.: Erziehungspsychologie. 5. Aufl. Göttingen 1970.
-, Tausch, A., Fenner, H.-J.: Zur intraindividuellen Konstanz einiger Sprachmerkmale des sozialen Verhaltens von Lehrern an Gymnasien. Z. exp. angew. Psychol. 16, 1969, 184–193.
Tent, L.: Die Auslese von Schülern für weiterführende Schulen. Göttingen 1969.
Thomae, H., Blankenburg, W., Uhr, R., Weinert, F.: Orale Frustration und Persönlichkeit. Z. Psychol. 167, 1962, 31–41.
Thorndike, E. L.: The original nature of man (Educational psychology I.) New York 1913 a.
- The psychology of learning (Educational psychology II.). New York 1913 b.
- Mental discipline in high-school studies. J. Educ. Psychol. 15, 1924, 1–22 u. 83–96.
- The fundamentals of learning. New York 1932.
- The psychology of wants, interests, and attitudes. New York 1935.
- Human nature and the social order. New York 1940.
Tolman, E. C.: Purposive behavior in animals and men. New York 1932.
Tordrup, S. A.: Über das Problem primärer Symptome der Legasthenie. In: Kirchhoff, H., Pietrowicz, B. (Hrsg.): Neues zur Lese- und Rechtschreibschwäche. Basel 1963.
Traxel, W.: Gefühl und Gefühlsausdruck. In: Meili, R., Rohracher, H. (Hrsg.): Lehrbuch der Experimentellen Psychologie. Bern/Stuttgart 1963.
- Einführung in die Methodik der Psychologie. Bern/Stuttgart 1964.
Triandis, H. C.: Cultural influences upon cognitive processes. In: Berkowitz, L. (Hrsg.): Advances in experimental social psychology Bd. 1. New York/London 1964.
Tuchelt-Gallwitz, A.: Organisation und Arbeitsweise der Erziehungsberatungsstellen in der BRD. Weinheim/Berlin/Basel 1970.

Überla, K.: Faktorenanalyse. Berlin/Heidelberg 1968.
Ulshöfer, R.: Wie beurteilen Sie diesen Reifeprüfungsaufsatz? Der Deutschunterricht 1, 1948/49, 84–102.
Watson, J. B.: Psychology from the standpoint of a behaviorist. Philadelphia, London 1919.
Weinert, F. (Hrsg.): Pädagogische Psychologie. 5. Aufl. Köln/Berlin 1970.
Weinschenk, C.: Die erbliche Lese- und Rechtschreibschwäche und ihre sozial-psychiatrischen Auswirkungen. 2. Aufl. Bern/Stuttgart 1965.
Welch, A. S., Welch, B. L.: Reduction of norepinephrine in the lower brainstem by psychological stimulus. Proceedings of the National Academy of Sciences 60, 1968, 478–481.
Wolfe, J. B.: The effectiveness of token rewards for chimpanzees. Comp. Psychol. Monogr. 12, Nr. 60, 1936.
Woodrow, H.: The effect of type of training upon transfer. J. Educ. Psychol. 18, 1927, 159–172.
Woodworth, R. S.: Experimental psychology. London 1950.
Wundt, W.: Grundriß der Psychologie. 7. Aufl. Leipzig 1905.
Yarrow, L. J.: Maternal deprivation: toward an empirical and conceptual reevaluation. Psychol. Bull. 58, 1961, 459–490.
Zuckermann, M., Barrett-Ribback, B., Monashkin, I.: Normative data and factor analysis on the PARI. J. Consult. Psychol. 22, 1958, 165–171.

Autorenverzeichnis

Adorno, T. W. 69, 72, 129
Ahrens, H. J. 132
Allport, G. W. 54, 129
Alpert, R. 135
Atkinson, J. W. 134
Attneave, F. 58, 129
Ausubel, D. P. 74, 129

Backman, C. W. 39, 89, 135
Baker, R. G. 134
Baltes, P. B. 81, 129
Bandura, A. 35 ff., 47, 49, 88, 129
Bastine, R. 129
Bauer, W. 135
Becker, W. G. 81, 129
Bell, R. Q. 80, 135
Belser, H. 96, 129
Bergius, R. 24, 59 f., 62, 129, 131, 133
Berkowitz, L. 129, 131, 136
Bernstein, B. 86, 129
Bettelheim, B. 91, 129
Biermann, G. 128, 129
Biglmaier, F. 120, 129
Birth, K. 69, 129
Blankenburg, W. 136
Bleidick, U. 120, 129
Blodgett, H. C. 48, 130
Blöschl, L. 128, 130
Bower, G. H. 24, 132
Bronfenbrenner, U. 86, 130
Buchwald, R. 125, 135
Busemann, A. 120, 130
Buss, A. H. 88, 130

Carter, R. S. 108, 130
Cattell, R. B. 14 f., 18, 130
Charlton, M. 129
Charter, L. 131
Chauncey, H. 96, 130
Clark, R. A. 134
Couch, A. 132
Cronbach, L. J. 102 f., 130

D'Andrade, R. 89, 135
Denmark, F. 70, 130
Derbolav, J. 18, 130

Diggory, J. C. 70, 130
Dobbin, J. E. 96, 130
Döring, W. O. 104, 130
Dollard, J. 35, 87, 130, 134
Doman, G. 115, 130
Doob, L. W. 130
Dorsch, F. 13, 130
Drenth, P. J. D. 96, 130

Ebbinghaus, H. 41 f., 45, 61, 130
Eells, W. C. 106, 130
v. Ehrenfels, Ch. 33, 130
Elliot, E. C. 106, 136
Engel, W. 18, 135
Ertel, S. 81, 130
Estes, W. K. 48, 130
Ewert, O. 85, 130
Eyferth, K. 54, 71, 131

Fenner, H.-J. 136
Ferdinand, W. 107 f., 131
Fiedler, F. E. 70, 131
Finlayson, D. S. 106, 131
Fischer, A. 42, 131
Fittkau, B. 77
Fleishman, E. A. 77
Foppa, K. 24, 26, 55, 59, 131
Frenkel-Brunswick, E. 129
Freud, S. 38
Fuchs, R. 56, 131

Gage, N. L. 131
Gagné, R. M. 24, 26, 131
Gebauer, T. 112, 131
Gesell, A. 23, 131
Getzels, J. W. 85, 131
Gibson, E. J. 60, 131
Gleser, G. C. 102 f., 130
Glidewell, J. C. 85, 131, 135
Glueck, E. T. 85, 131
Glueck, S. 85, 131
Goldfarb, W. 89, 131
Gottschaldt, K. 18, 131
Gould, J. 129
Graefe, G. 116, 131
Grässner, D. 129
Graumann, C. F. 52 f., 131

Großmann, K. 91, 131
Großmann, K. E. 91, 131

Hadley, T. S. 108, 132
Haefner, D. 132
Harlow, H. F. 61, 132
Harris, E. F. 77
Hartley, E. L. 130, 134
Hartog, P. 105, 132
Haseloff, O. W. 24, 26, 55, 132
Hasemann, K. 107, 132
Hathaway, S. R. 78, 132
Haythorn, W. 70, 132
Hebb, D. O. 50, 52, 132
Heckhausen, H. 76, 88 f., 132
Heiß, R. 72, 96, 132
Herrmann, Th. 27, 47, 66, 74, 82 ff., 85, 129, 130, 131, 132, 134
Hetzer, H. 132
Hilgard, E. R. 24, 132
Hitpaß, J. 111 f., 132
Hoffmann, M. L. 76, 133
Hofstätter, P. R. 98, 133
Höger, D. 107, 120, 125, 133
Hopp, A. D. 107 f., 133
Hörmann, H. 40, 133
Hull, C. L. 30, 133
Hürsch, L. 85, 133

Ingenkamp, K. 104 f., 107, 109, 116, 127, 130, 131, 132, 133, 134, 136

Jackson, P. W. 85, 131
Janssen, J. P. 112, 133
Jones, M. R. 129
Jorswieck, E. 24, 26, 55, 132
Judd, C. H. 60 f., 133

Katona, G. 62, 133
Katz, D. 49, 133
Kemmler, L. 76, 114 ff., 132, 133
Kern, A. 113 ff., 116, 133
Kimble, G. A. 25, 133
Kirchhoff, H. 120, 133, 136
Kiwitz, H. 107 f., 131
Knabe, G. 126, 133
Köhler, W. 32 f., 34, 59, 133
Koffka, K. 34
Kohn, M. L. 85, 134
Kornadt, H.-J. 87, 134
Kounin, J. S. 134
Kristy, N. F. 130

Krohne, H. W. 132
Krug, R. S. 81, 129

Landreth, C. 26, 134
Langham, P. 132
Lashley, K. S. 55
Levin, H. 135
Levinson, D. J. 129
Levy, D. M. 89, 134
Lewin, K. 34, 66, 134
Lienert, G. A. 96, 107 f., 133, 134
Lietzmann, W. 104, 134
Linder, M. 120, 126, 134
Lippitt, R. 66, 68 f., 71, 134
Lorenz, K. 87, 134
Lounsbury, F. G. 58
Lowell, E. L. 134

Maccoby, E. E. 130, 135
MacFarlane, D. A. 62, 134
Marsolek, Th. 116, 134
McClelland, D. C. 89, 134
McKinley, J. C. 78, 132
Meade, R. 69 f., 134
Meili, R. 136
Meis, R. 115, 134
Melton, A. W. 130
Merz, F. 135
Miller, N. E. 35, 44, 130, 134
Mowrer, O. H. 38, 46, 54, 90, 130, 134

Neidel, A. 133
Newcomb, T. M. 130, 134
Nichols, R. C. A. 81, 134

Oevermann, U. 86, 134
Ohlsson, R. 111, 134
Orlik, P. 108, 134

Paul, H. 108, 135
Pawlow, J. P. 49, 135
Pietrovicz, B. 136
Prillwitz, G. 69, 129

Ranschburg, P. 120, 135
Rau, L. 135
Rau, P. 108, 135
Read, K. H. 26, 134
Rein, H. 24, 135
Reinert, G. 132
Rhodes, E. C. 105, 132
Ribble, M. A. 90, 135
Ritter, H. 18, 135

Rohracher, H. 136
Rosen, B. C. 89, 135
Roth, H. 18, 129, 130, 134, 135
Rousseau, J. J. 15 f., 135

Sanford, R. N. 129
Schaefer, E. S. 80 f., 135
Schelsky, H. 104, 135
Schenk-Danzinger, L. 115 f., 119, 127, 135
Schiefele, H. 107, 135
Schmalohr, E. 125, 135
Schmidt-Dumont, A. 133
Schubenz, S. 125, 135
Schultze, W. 111 ff., 135
Schwarzel, W. 129
Schwitajewski, E. 132
Sears, R. R. 38, 85, 87 f., 90, 92, 130, 135
Secord, P. F. 39, 89, 135
Selg, H. 14, 135
Shaw, M. C. 89, 135
Skinner, B. F. 30 f., 33, 44, 46, 49, 56, 136
Slater, P. E. 73, 78 ff., 136
Spitz, R. A. 56 f., 90, 91, 136
Stäcker, K. H. 132
Stapf, A. 132
Stapf, K. H. 132
Starch, D. 106, 136
Stephan, E. 75 ff., 136
Stern, W. 18, 136
Stice, G. F. 130

Tamm, H. 125, 136
Tausch, A. 66, 75 ff., 128, 136
Tausch, R. 66, 75 ff., 80, 128, 136

Tent, L. 107, 111 f., 136
Thomae, H. 92, 132, 136
Thompson, H. 23, 131
Thorndike, E. L. 28 ff., 31, 33, 49, 61, 63, 136
Tolman, E. C. 34, 49, 136
Tordrup, S. A. 125, 136
Traxel, W. 13, 15, 81, 136
Triandis, H. C. 58, 136
Tuchelt-Gallwitz, A. 114, 136

Überla, K. 75, 137
Uhr, R. 136
Ulshöfer, R. 105, 137

Walk, R. D. 60, 131
Walters, R. H. 35 ff., 47, 49, 88, 129
Watson, J. B. 11, 137
Weinert, F. 16, 20, 136, 137
Weinschenk, C. 119, 124, 137
Welch, A. S. 39, 137
Welch, B. L. 39, 137
Wendt, D. 98, 133
Wertheimer, M. 34
White, R. K. 66, 68 f., 71, 134
Whittaker, J. A. 69, 134
Wolfe, J. B. 53, 137
Woodrow, H. 61, 137
Woodworth, R. S. 11, 137
Wright, H. F. 134
Wundt, W. 13, 33, 137

Yarrow, L. J. 90, 137

Zuckermann, M. 80 f., 137

Register

Ängstlichkeit 69, 91, 93, 104
Ähnlichkeit 56
aggressives Verhalten 36, 39, 47, 65, 68, 76, 87 f.
Aktivität 52, 84, 91
anaklitische Depression 90
Angst 25 ff., 44, 57
Antriebserlebnis 10, 12 f.
a priori-Strategie 103
Aufnahmeprüfung 111 ff.
Auslese 111 ff.
autoritär 66 ff., 69 f., 77, 81
Autorität 47

Bedürfnis 10 f., 26, 28, 51 ff., 86 f., 92
Bedürfnisspannung 29
Befehle 76 f.
Befriedigung 29, 39, 44, 46, 87, 92
Begabung 109, 111, 119, 121, 124
Begriffsbildung 57 f.
Behaviorismus 11 f.
Bekräftigung (s. a. Verstärkung) 26, 33, 36, 45 ff.
  negative 83 f.
  positive 83 f., 88
  stellvertretende 36, 39
Belohnung 29, 36, 46, 48, 65, 83, 89
Bestrafung 27, 29, 36, 46 f., 48, 83, 85, 88 f.
Beziehungsperson 91

cognitive map 34, 49

Delinquenz 84
demokratisch 67 ff., 69, 71 f., 77, 81
Denkvorgänge 10, 12, 33, 63
Deprivation, sensorielle 53, 91
Diagnostik, psychologische 96
Differenzierung 54, 56 ff.
Dimension 73 ff., 77–84
Diskriminierungsfähigkeit, akustische 126 f.
Disziplin 69, 78

Effektgesetz 29 f., 46
Eichung 103
Einsicht 32 ff., 45, 62
Einstellung 10, 22, 26, 38, 70, 72, 74, 80, 83, 85, 123
Eltern 32, 65, 78 ff., 84 f., 89
emotional-kognitive Bewertungsreaktionen 27
emotionale Reaktion 26 f., 39, 44
Entscheidung 94, 102, 117
Entwicklungsstörung 77, 114 f., 118
Erbanlage 18 f., 23
Erfolg 33, 35 f.
Erinnerung 75
Erregung 81 f.
Ersparnis-Methode 41
Erzieherverhalten 69, 71–75, 79–81, 82–85, 89
Erziehung 18 f., 27
  funktionale 19
  intentionale 19 f.
Erziehungshaltung 92
Erziehungsmaßnahmen 15 ff., 21, 74, 83, 86, 92 ff.
Erziehungsstil 65 f., 71, 73 f., 83 f.
Erziehungsziele 15, 20, 74, 86, 93 ff., 96
Experiment 13 ff., 16
Extinktion 26
Extraversion 78, 80

Faktorenanalyse 75, 77 f., 80 f., 85
Fertigkeiten 22
Fragebogen 78 ff.
Frequenzgesetz s. Übungsgesetz
Frustration 87, 92

Gedächtnis 41 f., 45
Gefühle 9 f., 12 f., 27, 81 f.
Generalisierung 54–58, 61, 122
Geschwister 32
Gestalt 34
Gestaltpsychologie 33 f., 49
Gewissen 89 f.
Gewissensbildung 38

Gliederungsfähigkeit 113 f., 116
Gruppenmoral 67
Gültigkeit 100 ff.

Halo-Effekt 108
Handeln 17, 128
Hospitalisierung 90 f.
Hypothese 13, 15 f., 34, 83

Ich-Stärke 78 f., 80
Identifikation 38 ff.
Imitation
  s. Lernen am Modell
Intelligenz 84
Intelligenztest 102, 110, 124
Intelligenzquotient 116 f.
Interessen 9
Introversion 78, 80

Kaspar-Hauser-Versuch 50
Konditionieren
  instrumentelles 27, 45 f.
  klassisches 24, 30, 43 ff., 53, 55 f.
  operantes 30, 35, 53
Konstrukt 11 f., 26, 39, 43, 45, 51, 73 f., 102
Kontakt 90
Konvergenztheorie 18
Korrelationskoeffizient 98 f.

Labyrinth 28, 31, 34, 48 f., 55, 62
laissez-faire 67 f.
Lehrer 32, 75 ff., 108, 110
Leistung 60 f., 74, 88 f., 95, 104 ff., 109 f., 114, 122 f.
Leistungsmotivation 88 f., 122
Lenkung 75 ff., 82
Lerneffekt 39
Lernen 20, 22 ff., 57
  − am Erfolg 28
  − am Modell 35 ff., 49, 88
  − primäres 50, 91
Lernfähigkeit 91
Lernleistung 13 f., 41
Lernpsychologie 65, 83 f., 110
Lernstörungen 20
Lernstoff 40 ff.
Liebesentzug 89
Lob 67, 90
Löschung 26

Meßfehler 97 f.
Meßverfahren 96 f.

Methode
  − der behaltenen Glieder 41
  − des Wiedererkennens 41 f.
Methoden der Forschung 9, 13 f., 17
Mißerfolgserlebnisse 114, 118, 122, 127
Mitübung s. Transfer
Modell 35 ff., 38 f.
Modeeffekt 37 f.
Motivation 49, 51 ff.
Motive 51 f., 74, 85, 87
  primäre 52 ff.
  sekundäre 52 ff.
Mutter 26, 43 f., 81, 84, 87 f., 90 f.

Nachahmen s. Lernen am Modell
Normen
  soziale 20, 38, 85, 89, 124
  statistische 103 f., 110

Objektivität 97, 105 f.
Ödipus-Komplex 38
operants 30 f.
operationalisieren 12
Organismus 11 f.
Orientierung 45

Pädagogik 16, 94
Pädagogische Psychologie 15–21, 23, 96, 128
Persönlichkeitszug 73, 81, 85, 93
Potenz 81 f.
proaktive Hemmung 43
Problemlösung 33 f., 62
Produktivität 76
Psycholinguistik 86
Psychologie 13, 15 ff.
  vorwissenschaftliche 9 f.
Psychotherapie 75, 128

Raumlagelabilität 125
Reaktion 11 f., 33, 45, 49, 55 f., 58, 61 f.
Reaktivierung 36
Rechtschreibfehler 124 ff.
Rechtschreibung 102, 107, 118 f.
Reflex 24
  bedingter 24 f., 28, 45 f., 55, 122
  unbedingter 74 f., 26
Reifung 23, 50 f., 57, 115
Reiz 11, 24, 30, 45, 49 f., 55, 58, 61 f.

Reiz, bedingter 25 f., 46
- differenzierung 56
- generalisierung 55
  indifferenter 25 f.
  unbedingter 24 ff.
Reliabilität s. Zuverlässigkeit
Reminiszenzeffekt 26
Reproduktionsmethode 41 f.
respondents 30
retroaktive Hemmung 43
Reversibilität 76 f.
Rolle 74
Rollenverhalten 38
Rückmeldung 74

Schicht, soziale 19, 81, 85 ff.
schrittweise Annäherung 30 f., 49
Schulfähigkeit 114 f.
Schulleistungstests 107–110, 124
Schulnoten s. Zensuren
Schulreife 76, 113 ff.
Schulreifetests 116
Schulversagen 114
Selbständigkeit 76, 89
Selbstbeobachtung 11
Selbstvertrauen 92
Selbstwertgefühl 17, 89
shaping s. Verhaltensformung
Signal 26 f., 44
soziale Interaktion 73 ff., 94
Sozialisation 19
Sozialverhalten 35
Sprache 86
Standardisierung 97 f.
Standardmeßfehler 99, 107
Stimmung 12
Stimulus s. Reiz
Stimulation, sensorielle 91
Strafe s. Bestrafung
Strenge 79, 83 f., 90
Streß 91
Struktur 34, 57 f., 61 f.
Strukturierung 33 f., 45, 86

sukzessive Approximation
   s. schrittweise Annäherung

Tests 96 ff., 100, 108 ff., 112, 116 f.
Theorien 15, 85, 119
Transfer 54, 59–64
Typen 66 f., 72, 77

Überforderung 114
Übung 49
Übungsgesetz 29, 45
Umstrukturierung 33 f.
Umwelt 18 f., 23, 27, 32 f., 43, 45, 50, 86
Unterstützung, elterliche 83 f.

Valenz 81 f.
Validität 100 ff., 112, 116, 120
Vergessen 41 f.
Verhaltensdifferenzierung 56
Verhaltensgeneralisierung 55
Verhaltensformung 31 f.
Verhaltensmerkmale 73 f.
Verhaltensrepertoire 35 f.
Verstärker 46, 53 f.
Verstärkung (s. a. Bekräftigung) 47 f.
Versuch und Irrtum 28, 34 f., 49
Vorstellungen 9 f., 12
Vorurteile 10

Wahrnehmung 10, 27, 33 f., 50, 57, 59
Wertschätzung 75 ff., 82
Wertsystem 20, 89
Wiederholungen 29, 41 f., 45 f.

Zensuren 96, 104–112
Zurückstellung 115
Zuverlässigkeit 98 f., 104, 106 f., 112 f.